俺の人生を歌いたい

鳶一代・我が半生のものがたり

坂野房夫

風媒社

兄姉たちと

姉・とめ子と著者

兄・昇と著者

兄・昇と妻のさち江

坂野興業の社員旅行で（平成 2 年、金沢）

熱海城金鯱据付 50 周年記念会（平成 21 年、ⓗにて）

兄辰一の娘・八重子（左）と

姉たち

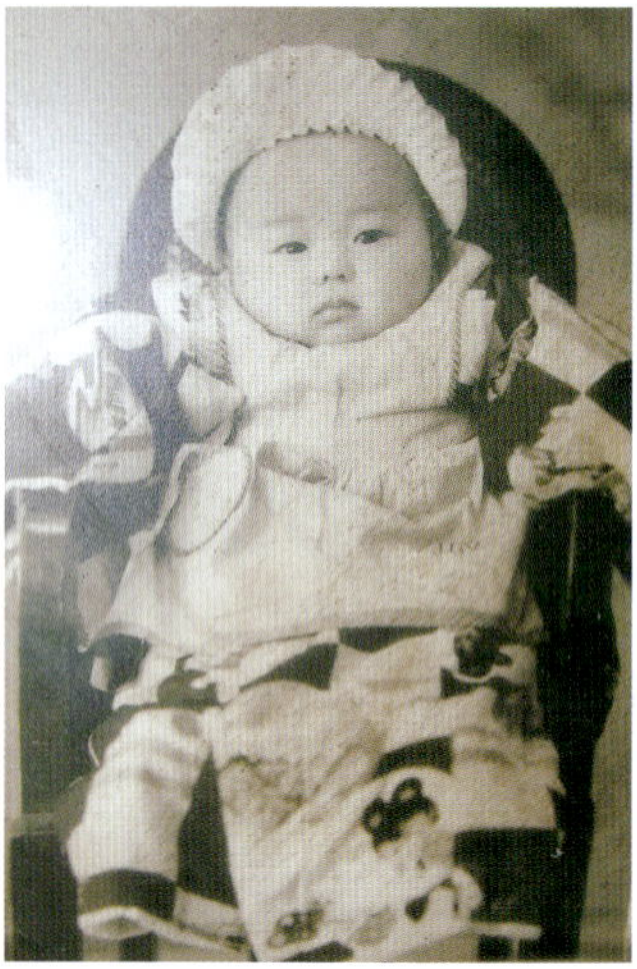

１歳で早逝した息子・藤夫

京都・竹林院の庵主となった良泉さん

長男・充資家族

長女・雅美家族

次女・真弓夫妻

次男・照彦夫妻

五色園の影像（親鸞の生涯）

五色園の影像（親鸞の生涯）

著者近影

はじめに

土建業の男が本を出す?!

どういうことだと、多くの人は怪訝《けげん》に思い、さては、いまはやりの暴露本《ばくろぼん》かと、想像をふくらませたりするかも知れない。

しかし、これはそんなだいそれたものではない。きわめて私的な内容。十代から六十歳まで、鳶《とび》という建設業界の花形職《はながたしょく》を歩んできた男の、人生歴だ。ただ、並みの人生歴と少々ちがうのは、俺が日頃本なんぞとは、およそ無縁に生きている土建業の人間だ、という点だ。従って、俺の歩みには当然、土建業界の表話や裏話がつきまとう。なかには、きわどい話もあろう。聞いて呆《あき》れる話もあるやも知れない。

そもそも俺が一本立ちしようと決心したころの日本は、敗戦直後で、国中の都市部に焼け跡が残り、家も職も失った人があふれていた。そんななかで建設業界は、「復興、復興」の掛け声で一歩も二歩も抜け出して、人手を欲しがっていた。

俺の実家は農家だが、俺は野良《のら》仕事が嫌いで、他の仕事にばかり目が行っていた。あれやこれやとやってみた。だが結局、誰にも頼らず、先々まで続けられる仕事となると、建設業しかなかった。体力には自信があったし、高い所へあがっても恐ろしくはない。そこで本格的に業界に足を入れてみると、そこが性に合っていたというか、居心地《いごこち》がよかった。なによりも屁理屈《へりくつ》のない世界であるのが、気に入った。創意工夫《そういくふう》の余地がいっぱいあるのも面白かった。真面目《まじめ》に正直に仕事をすれば、どんどん上に登ってゆけるのも、俺を後押《あと》しした。

そうして気がついたら、業界五十年という歳月が流れていたというわけだ。五十年過ぎて振り返ってみる感想は、「楽しく面白かった」の一語に尽きる。

ただ一つ、ここで断っておきたいのは、世間一般にある土建業のイメージが、必ずしも当たっていないことである。

世の中いろんな業種のあるなかで、土建業は「キリ」に近い位置に置かれがちである。

なんとなく、おっかない。世間の規範からはみ出した人間の集まりのように見られ、さわらぬ神に祟《たた》りなし、と敬遠されるきらいがある。

それは間違いだ。特殊な世界から横すべりしてきた者は別として、俺の知る限り、この世界の男たちほど、人間好きで、一所懸命《いっしょけんめい》で、義理人情に厚い奴は他にいない。少なくとも、肩書きや知識を鼻にかけ、自分の利益のためには、友人も恩人も踏み付けにする奴は、まあ皆無《かいむ》とは言わないが、むしろ少ないほうだ。

それを知ってもらいたい、というのもこの本を世に出す目的の一つである。少々暇があって、この本を買っても、明日食べるのに困らない人は、買って読んで、世の中にこんな世界があるのかと、驚いて、笑ってごろうじろ。

俺の人生を歌いたい

——鳶一代・我が半生のものがたり◎目次

土建一代・俺の軌跡　194

名古屋城本丸御殿に寄せて

本丸御殿討論会

平成二十一年六月十四日。俺は名古屋市庁舎内の会議室で、河村市長が顔を出すのを待っていた。俺の他にも大勢の人たちが椅子《いす》に座って、市長の出席を待っていた。その日そこで、名古屋城本丸御殿《ほんまるごてん》再建について広く一般市民の意見を聞こうという、市主催の討論会が開かれようとしていたのだ。

俺は先にこのことを知って、俺なりに考えていた意見や思いを、会あてに提出していた。

『中日新聞』2010 年 6 月 15 日紙面より。→の先が著者

それが主催者の目にとまって、俺も一員として招かれたのである。当然ながら、周りは知らない人ばかり。一般席に向き合って、長いテーブルが用意されていて、どうやらそこが市長はじめ来賓《らいひん》の席らしかった。時間が来て市長が顔を出すころには、一般席も埋まって、総勢百二十名くらいにもなっていただろうか。

市長の名古屋弁（市長の弁によれば、名古屋弁ではなく、名古屋ことばというのだそうだが）の挨拶《あいさつ》があり、討論がはじまった。いろんな意見が飛び交った。市民の税金で鉄筋コンクリートの天守閣《てんしゅかく》を造り、いままた御殿も建てるのはいかがなものか、その金を市民の福祉にこそ遣《つか》うべきではないか、というのや、どのみち建てるのなら、美術館として活用すべき、という意見も出た。

そのうち、俺の前に発言した人が、名古屋には、こ

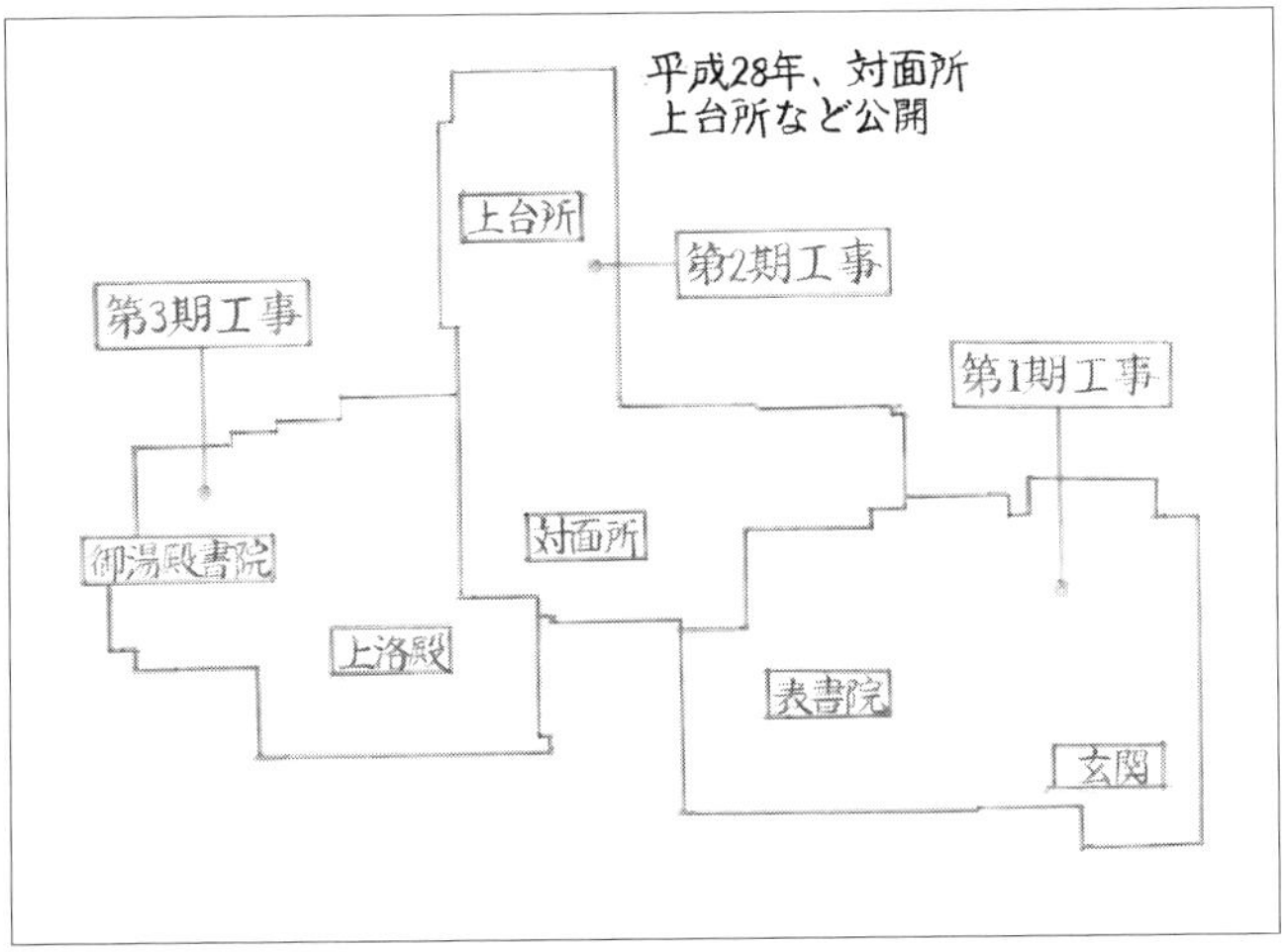

復元される名古屋城本丸御殿平面図

のような御殿を、昔のままに再現できる職人がいないと言った。俺はすぐさま手を挙げて反論した。

どこを取って、名古屋にそのての職人がいないと言うのか。名古屋にも職人はいる。自慢するわけではないが、自分は十代から約五十年、建設業に携わってきて、何人もの優《すぐ》れた弟子を育ててきた。彼らなら初代の御殿に劣《おと》らないものを造営できると、確信する。

ついでに言わせてもらえば、日本は地震大国で、ここ中部地区には、遠からず東海、東南海地震が襲ってくると言われている。しかも二つ同時に襲ってくるやも知れぬ、と言われている。そんな連動地震で、またもや御殿が消失したのでは、それこそ税金の無《む》駄《だ》遣《づか》いというものだ。口幅《くちはば》ったいようだが、自分はたとえ、マグニチュード8以上の大地震がやって来ようと、その震動を半減させる免震《めんしん》対策を持っている。それについての特許も取っている。願わくは、この免震工法を御殿に役立てたい、と陳述《ちんじゅつ》した。

それは決して思いつきでもホラでもなかった。そうなのだ、あの日、名古屋のシンボル名古屋城が焼け落ちたあの日から、ずっと俺の胸の奥に疼《うず》きつづけてきた熱い思いと、その後の長い経験と自負《じふ》が言わせたのだった。

名古屋城が燃えている

昭和二十年五月十四日。

その日の朝、俺は学徒動員先の愛知航空機から、めずらしく港区南陽村《なんようむら》の実家にもどっていた。朝御飯を食べ終わってしばらくすると、ウオーン、ウオーンと空襲警報《くうしゅうけいほう》が鳴り渡った。俺は「またかよ」とぼやきながら、家の防空壕《ぼうくうごう》へひとまず避難した。このころはもう日本全国、連日連夜B29の爆撃にさらされていた。

どこそこの都市が焼野が原になったそうだ。

逃げ道を絶つ円形爆撃で、何千人、何万人が焼け死んだそうだ。

敵の本土上陸が近い。

そんな噂《うわさ》が乱れとんでいた。だから空襲になるたび十四歳の俺は、今度こそもう駄目かもしれないと覚悟をきめたり、こんちくしょう！　と敵愾心《てきがいしん》を燃やしたりしていた。その日もそんな複雑にゆれる気持をかかえて、壕を出たり入ったりしていると、外が変に騒がしい。

「城がやられた」

「お城が燃えとる」

そんなわめき声が聞こえた。

何事かと壕の外へ出てみると、朝なのに夜のように空が暗い。その暗い空の下で、金鯱城が火を噴《ふ》いていた。まるででっかい花火を打ち上げるように、火花を噴いて燃えていた。

あの巨《おお》きな名古屋の城が、全身を紅蓮《ぐれん》の炎に包まれているのだった。風の音なのか、炎の音か、それとも城の下に逃げまどう人々の悲鳴なのか、低い重い物音が、わーんと炎の周辺に流れていた。

申し訳ないが、それは美しい光景だった。暗い空に城を包んで立ちのぼる、巨大な炎が美しいのか、一つの終焉《しゅうえん》が美しいのか……気がつくと俺は地面に座り込んで、ぽろぽろ悔し泣きしていた。そして自分の胸に誓《ちか》っていた。

(俺がいつかあの城を建て直してやる。立派に建て直してやる)

弱冠《じゃっかん》十四、五歳の、子供のたわごとと言うなかれ。やがて俺はそのときの誓いに導かれるように、建設業へ足を踏み入れていったのだから、運命というものだと俺は思っている。

ただ、残念ながら名古屋城の天守閣は、俺が佐久間ダムだの、東名・名神高速道だのと、工事現場を走りまわっているあいだに、鉄筋コンクリートで再建されてしまった。しかし本丸御殿の再建には、まだ間に合うかもしれない。俺の考えた技術が役立てられるかもしれない。俺はその期待に胸を弾《はず》ませて、市主催の討論会に出向いたのだった。

ところが俺の発言は、一応聞き置くとして、柳に風と受け流されてしまった。

俺の言い方がまずかったのか、それとも、市にはもともと本気で市民の意見を取りあげる気持などなくて、本丸御殿再建という一大プロジェクトに、市民との意見交換なしではまずかろうと考えて、討論会という形で恰好《かっこう》をつけた、ということなのだろうか。

地震は元から断つ

せっかくの本丸御殿討論会が、何やら言いっぱなし、聞きっぱなしの不完全燃焼で終わってしまったことで、俺としては欲求不満をかかえこむ羽目《はめ》になった。

そこで改めて、俺の考案した免震装置の資料や、特許の登録証などを揃《しり》えて、市役所へ出向いた。現れた係の人に、俺は言葉を尽くして説明し、訴えた。

いま日本では、公共の施設はもちろん、個人の住宅でも、大方のところに火災報知器が取り付けられている。それにくらべて地震対策は、あまり行き渡っていない。地震には金がかかるので、やむを得ない面もあるが、しかし公共施設や人の大勢集まるところは、万全の対策を取るべきで、本丸御殿もその一つである。だからこそ、俺の考案した免震装置を使ってもらいたい。

これはただ地震に耐えるという旧来の方法ではなく、震度7～8の場合、3～4に減震

地震は元から断つ工法

地震国日本の皆様へ

①特許　第3941788《サンキュウヨイナハハ》号

ＶＦ免震工法　　　(免震装置における浮上り防止装置)

地震は必ず起こる、又、いつ起こるかわからない。

いち早く設置する必要がある。

地震を防ぐにはと考え、地震の揺れを少しでも軽減したいと考え、早く皆様のところへと思い、60数年の経験にて編み出したのが究極のＶＦ免震工法（免震装置における浮上り防止装置）です。

このＶＦ免震工法は、地球が揺れるので、地球と建物または構造物を切り離せばよいと考えました。

私は全国の皆様に地震の恐ろしさを少しでも早く和らげるための、このＶＦ免震工法で地震の強さを小さく出来ないものかと考えました。

例えば、震度が7～8の場合、ＶＦ免震工法を設置すれば震度3～4で済み、今後の都市部における建築に最適、究極のＶＦ免震工法です。

又、安全性、迅速性、有効性について自信をもってこのＶＦ免震工法の普及につとめたいと念願しております。

私は、今までに数多くの特許・実用新案の確定をしております。

なお、木造建築・鉄骨建築・鉄筋コンクリート建築に有効です。

②　　実用新案登録証
　(免震装置) 登録第３１３７４０２号　　考案者：坂野房夫

③　　実用新案登録証
　(免震装置) 登録第３１４０１９８号　　考案者：坂野房夫

④　　公開特許公報（A）
　木造建物の耐震補強工法　　考案者：坂野房夫

⑤　　特許証　　花田卓蔵
　(避難施設) 特許第３９３７０９３号　　考案者：坂野房夫

⑥　専用実施権を必要とされたい方、一報下さい。平成19年4月13日

⑦　通常実施権を必要とされたい方、一報下さい。

平成19年4月13日
〒455－0073 名古屋市港区川西通5丁目11－3
ファミリアーレ正保南１００３号　TEL(052)381－5658
特許権者　坂野　房夫　　携帯 090-8867－3941

する装置で、施工にかかる費用もずんと安く済む。しかもこの装置を施したなら、末代まで有効であり、メンテナンスも要《い》らない。

係の職員は熱心に耳を傾けてくれ、俺の装置の優れている点も認めてくれた。だが問題は、既に工事が動き出している点にあった。建設業者も、その費用も、松原市長の代に定まっていて、たとえ免震のための基礎工事に限ったとしても、いまさら変更は不可能だという。俺は引き下がるしかなかった。

おれは本丸御殿の工事に割り込んで、金を儲《もう》けようという気持はさらさらない。金はもう充分儲けさせてもらった。遣いもしたが、儲けもした。老後をのんびり過ごすくらいの貯えはある。仕事を手伝ってくれる人間の、賃金だけもらえばいい。だがそれも出来ないということで、諦《あきら》めるしかない。

俺の生い立ち

子供の頃はガキ大将

俺は昭和六年一月二十日、満州事変《まんしゅうじへん》が勃発《ぼっぱつ》したその年に、愛知県海部郡南陽村《あまぐんなんようむら》（現南陽町）茶屋新田燈明下大縄場六十二番地の農家に生まれた。十二人兄弟の末っ子だった。上に十一人もの兄や姉がいたら、皆に頭を押さえつけられて、心身ともにひ弱な末っ子に育ったかと思いきや、どうしてどうして、のびのびとガキ大将になった。

村の子供たちの先頭に立って、鉄塔によじ登ったり、鉄塔の上を走りまわって大人たちをはらはらさせる。川を見たら無鉄砲《むてっぽう》に飛び込む。相撲《すもう》を取っては、自分より年上の相手

よじ登って遊んだ鉄塔

10歳の頃の著者

を投げとばす。兄や姉の余り物を遠慮なく頂戴《ちょうだい》してきたから、体も大きく腕力もあったので、小学生年齢から既に、いっぱしにお山の大将を気取っていた。

おかげで小学校時代は、担任の先生に実によく叱《しか》られた。廊下《ろうか》で駆けっこをする。大声を出す。女の子のスカートをぱっとめくって逃げる。そのていどのいたずらだったが、先生はまるで待っていたように、俺を見つけて叱った。五人叱られたら、その中の一人が俺だ。三人叱られても、二人叱られても、その中の一人は俺だった。しまいには先生も呆《あき》れて、俺の顔を見ると「またお前か」と苦笑《にがわら》いしておられた。

けれど、子供なりに人としてやっ

父　坂野彦三郎
母　やす

てよいこと悪いことの、わきまえはあった。それを教えてくれたのは父だった。

父・彦三郎《ひこさぶろう》は弘法様《こうぼうさま》の信者で、俺と一緒に畑の草取りとか、稲刈りなんぞしながら、いつも口の中でもごもごと、世の中のこと、人の生き方、神仏の敬い方などを呟いていた。俺はそれが説教だとは思わないで、のほほんと聞いていたので、素直に心に入ってきた。

働き者で、自分には厳しい人間だったが、他人にはめっぽう優しくて、弘法様か彦さんかと、近所の人に親しまれていた。古い父の写真を見ると、日露戦争でもらったとかの勲章が、五個も和服の胸に輝いている。けれど戦争の手柄話《てがらばなし》は一つも聞いたことがない。おそらく、塹壕《ざんごう》掘りや馬の世話や、大砲の手入れや上等兵殿のめし炊《た》きや、そんなことを一所懸命、真面目《まじめ》にやったご褒美《ほうび》だったのだろう。亡くなったのは、俺が十三歳のとき。享年六十八歳だった。

母・やすは、郵便局長の娘で、父と恋愛結婚だった。貧しい農家の跡取り息子だった父との結婚を反対され、家をとび出して父のもとへ駆け込んだそうだ。畑の草取り一つ知らなかった、世間知らずの娘っこが、風呂敷《ふろしき》包み一つで好きな男の胸へとびこんで、十二人もの子を生んで育てたのだから、たいしたものだ。その母は七十六歳で天寿《てんじゅ》を全《まっと》うした。

俺たち兄姉が、子供のころから喧嘩《けんか》もせず、親が亡くなったあとも遺産争いもせず、皆助け合って仲良く来られたのは、この両親の人柄と、背中で示してくれた薫陶《くんとう》のおかげだと思っている。

日本で初の一期生海洋少年団に推薦される

俺がいたずら坊主のガキ大将だということが、学校中に知れ渡っていたからか、小学六年生になると同時に、俺は海洋少年団の第一期生として、入団することになった。同学年の高岸修君と一緒だった。

愛知県蒲郡《がまごおり》の弁天島に海軍の訓練所があり、そこへ連れて行かれた。学校の推薦《すいせん》ということで、二人とも得意がっていたが、いま思うと、俺の場合は、俺を叱り飽きた先生が、厄介払《やっかいばら》いしたのかもしれない。それにもう一つ、この入団は太平洋戦争のさなかのことで、日ごとに拡大してゆく戦線と、兵員不足に危機感を抱いた軍が、徴兵《ちょうへい》のための予備候補生を小学生にまで求めた、ということであったのかもしれない。

もちろん俺はそんなことは夢にも思わないから、水兵さんらと一緒に甲板《かんぱん》洗いをしたり、手旗信号や海軍式の敬礼を習ったり、訓練所での生活をのんきに楽しんだ。

なにしろ三度の給食は、自分の家の食事より上等だったし、休憩《きゅうけい》時間に水兵さんから聞く海の戦闘話も面白《おもしろ》かった。辛《つら》いのは、朝食前の二キロのランニングくらいで、実家の農作業のきびしさにくらべたら、海洋少年団の訓練など、どうということもなかった。

家にいたときは、小学校に入るか入らないかのうちから、田畑へ駆り出されて、草取り、苗代《なわしろ》作り、麦踏み、稲刈りと手伝ったが、これが結構きつかった。農家の仕事は一年三百六十五日ほとんど休みがないし、農繁期《のうはんき》ともなると、それこそ朝は鶏《ニワトリ》より早く起き出し、夜は星を仰《あお》いで帰る日がつづく。しかも昭和初期のこととて、耕運機もなければ、稲刈機もない。何もかも人力頼み。泥にまみれ、肥料といえば聞こえはよいが、人の排泄物《はいせつぶつ》を畑に施す作業は、小学生にはきつすぎた。そういうなかでの、海洋少年団入団である。俺が小躍《こおど》りしたのも無理はなかろう。

盲腸の恐るべき手術

小学生時代の体験で、いま思い出しても鳥肌が立つ体験がある。

小学五年の二学期だった。俺は盲腸炎《もうちょうえん》になった。最初は働きすぎで腹が痛くなったのだと思い、親も「まあ、きょうは寝ておれ」と言う。ところが痛みがどんどんひどくなって、七転八倒しだして、下之一色《しものいっしき》病院へ兄にリヤカーで運び込まれた。医者にはすぐわかったらしい。緊急手術《きんきゅうしゅじゅつ》となったのだが、麻酔薬《ますいやく》がなかったのか、効《き》かなかったのか、生《なま》身素《みす》っぴんのまま、いきなり手術がはじまった。看護婦さんたちに手足を押さえつけられて、ジャキジャキと腹にメスが入り、俺はその恐ろしい音を聞きながら、痛さで気絶も出来ず、わめきながら激痛《げきつう》に耐えた。

そのときの傷痕《きずあと》が、いまも大きく腹に残っている。盲腸が破裂《はれつ》して、膿《うみ》がひろがっていたとかで、手術後も、膿《うみ》を吸い出すための管を三本も挿《さ》したままで、傷口の縫合《ほうごう》も出来なかったのだ（長さ十二センチ、巾一・五センチの傷痕）。

それにしても、昭和初期の外科手術恐るべし、だ。まあ、こんな体験に耐えたおかげで、海洋少年団の訓練を屁《へ》の河童《かっぱ》でこなせたのだろう。

童貞喪失

俺の童貞喪失《どうていそうしつ》は小学六年のときだ。当時の男子にして、早いのか遅いのか知らない。海洋少年団の訓練を終えて家にもどり、また農作業を手伝っているとき、同じ村の、俺より十歳くらい年上のNさんに、

「今夜、遊びに連れて行ってやるから、楽しみに待っておれ」

と声をかけられた。

俺が期待に胸ふくらませて待っていると、連れてゆかれた所は、大曽根《おおぞね》の城東園《じょうとうえん》という遊郭《ゆうかく》だった。もちろん俺はまだ小学六年生で、遊郭という言葉も知らなかった。きれいに化粧《けしょう》をした女の人が何人もいて、俺に年を訊《き》いたり、頭を撫《な》でたり、ちやほやする。そんな俺を横目で見ながら、Nさんは女たちをからかったり、冗談《じょうだん》を言い合っている。

そのうち、色の白い大柄な女の人が、俺を部屋へ連れてゆき、裸にむいて、本当に小学生かと訊いたり、あれこれ耳に囁《ささや》いてくる。俺はだんだんおかしな気分になって、気がつくと、女の人にしがみついていた。それが俺の初体験だった。感想など何もない、あっけらかんとしたもので、いま思えば、初体験というのは、自分をしっかり見詰《みつ》められる年齢になってからのほうが、何か心に残るものがあったのではなかろうか。

だが、この日の出来事はそれだけでは終わらなかった。Nさんの身にとんでもない事変《じへん》が勃発《ぼっぱつ》したのだ。

俺がまだ女の人の部屋にいるとき、Nさんの敵娼《あいかた》の部屋で突然、女の悲鳴と男の怒鳴《どな》り声があがった。俺がとび出してゆくと同時に、Nさんが廊下《ろうか》へ転《ころ》がり出てきた。それを三人の憲兵《けんぺい》が取り囲んで、縛《しば》りあげようともみ合う。Nさんは暴《あば》れる。憲兵の一人がNさんを押さえつける。とそのとき、Nさんは憲兵の太腿《ふともも》にガブリと噛《か》みついた。よほど必死の力だったのだろう。噛みついた太腿《ふともも》のズボンが破れ、血が流れ出した。

それでもとうとうNさんは手錠《てじょう》をかけられ、縄を打たれて、何処《どこ》かへ連れて行かれた。以来家にもどらず、消息も絶えてしまった。

遊郭で遊んでいる最中に憲兵が踏みこんでくるからには、かねて目をつけられていた容疑が、Nさんにあったのだろうが、それにしては、Nさんはごく普通の、工場勤めの職工《しょくこう》で、悪い噂《うわさ》などもなかったのだから腑《ふ》に落ちない。俺の勝手な想像によれば、Nさんは自由主義者とか共産主義者とか、当時は反国家的と見られていた人たちとつきあいがあって、憲兵に目をつけられていたのかもしれない。

太平洋戦争の悲劇

小学六年で学徒動員

昭和十六年十二月八日。太平洋戦争開戦のおかげで、俺は小学六年生にして、稲永新田《いなえしんでん》の愛知航空機へ学徒動員され、いろんな機械や道具の名前とか、ヤスリの使い方などを教えこまれ、次いで飛行機の翼《つばさ》の鋲《びょう》打ちをやることになった。小学生といえども動員だから家には帰れない。工場に泊り込みである。

そのころ既に日本の空に、アメリカの新鋭爆撃機B29が、頻繁《ひんぱん》に飛来していて、名古屋

も夜昼なく空襲にさらされていた。最初のうちは軍需工場《ぐんじゅこうじょう》が目標だったのが、やがて工場も住宅もない無差別爆撃へ進んでゆき、戦闘員でない一般人にも、たくさん死傷者が出るようになった。

　俺たち愛知航空機の工員は、空襲警報が入るたび、トラックに乗って、近くの庄内川《しょうないがわ》の土手へ避難した。その土手に横穴式の防空壕が掘ってあったのだ。ところが警報とほとんど同時に艦載機《かんさいき》が頭上に現れるようになり、避難の途中で機銃掃射《きじゅうそうしゃ》をあびせてくる。あきらかにトラックの列を標的にしている。プスッ！　プスッ！　と田圃《たんぼ》に銃弾の突き刺さる音がする。俺たちはトラックの幌《ほろ》の下で、身動きもならず震《ふる》えるばかりだった。

そんなある日、俺をふくめて二十五人くらい乗っているトラックが標的になった。

「とび降りろ」

と誰かが叫《さけ》ぶ。

俺は無我夢中《むがむちゅう》でトラックの縁《へり》に足をかけた。とたんにトラックがバウンドして、俺は土手へ転がり落ちた。縁から跳《と》ぶのと同時だった。したたかに胸を打ったが、トラックの車輪の下敷きにはならず、命拾いした。

ああ白鳥橋

名古屋市熱田区千年船方の愛知時計と、愛知航空熱田発動機、同機体第四工作所の三工場が集中爆撃にあい、死者二千七百人余、重軽傷者三千数百人という大惨状《だいさんじょう》を呈《てい》したのは、終戦の二カ月前、昭和二十年六月九日であった。

その日の朝、九時三十分。名古屋の上空にあらわれたB29は五十機。鳴り渡った空襲警報は、なぜかすぐ解除《かいじょ》になり、工場の外へ避難していた工員や動員学徒らが、工場へもどった直後だった。焼夷弾《しょういだん》や爆弾が雨あられと降って、その下にある一帯は、まさに阿鼻《あび》叫喚《きょうかん》の地獄《じごく》と化した。

俺は庄内川の堤防で、その様子を呆然《ぼうぜん》と眺《なが》めていた。昼間なのに東の空が赤々と染まっていた。黒煙《こくえん》も流れていた。人魂《ひとだま》が呼び合うような悲しげな物音が、赤い空の下にゆれていた。

犠牲者《ぎせいしゃ》の遺体の処理を命じられたのは、翌日だった。俺はその年の四月一日から愛知航空機研究二課に入社していたのだが、遺体の処理を動員学徒にはさせられないというわけで、俺たち新人社員に命令が下ったらしかった。

愛知時計の工場の横を、堀川《ほりかわ》をまたいで国道一号線が走っていて、そこに白鳥橋という美しい名の橋があった。三工場への集中爆撃のなかを逃げまどった人たちが、この鉄筋《てっきん》コンクリートの堅牢《けんろう》な橋に、救いを求めた。そして、橋の中央北詰寄《きたづめよ》りを狙った爆撃で、一瞬にして数百人が死んだ。

頭のない、胴体《どうたい》だけの遺体。ばらばらに千切《ちぎ》れた手足。腹に穴があき、腸《ちょう》がはみ出している人。電線にも肉片《にくへん》がひっかかり、堀川は血の色に染まっている。

そんななかへ俺たちはトラックを乗り入れ、男女の区別もつかない、泥まみれ血まみれの遺体を放り上げ、会社の青年学校の校庭へ運び、薪《まき》を積んで焼いた。遺体はなかなか焼け切らず、肉のはじける音と異臭《いしゅう》で、気が変になりそうだった。

遺体は二日間かけて、六トントラックで三回運んだ。死臭と血の臭いと泥のにおいと、遺体を積み降ろししたときの感触《かんしょく》が、俺の手足や鼻の奥に、何日も残って苦しんだ。

熱田の工場は消滅してしまったが、我々稲永新田の工場はまだ健在《けんざい》だ。負けはしないぞ、と強がってみせる先輩《せんぱい》工員の声が空しかった。その後、稲永新田の工場も爆撃で消滅してしまった。

終戦と混乱

何でもやった

終戦の詔勅《しょうちょく》を俺は工場で聴《き》いた。録音がまずいのか、ラジオがおかしいのか、陛下の声は掠《かす》れがちで、正直いってよくわからなかった。先輩工員が涙声《なみだ》で、

「戦争は終わった」

「日本は敗《ま》けた」

と言うので、はーん、そうかと思った。先輩たちのように泪は出なかった。ただ体の力

がすとんと抜け落ちたような、ぽかーんとした気持ちだった。

口惜しさがこみあげてきたのは、工員全員に解散命令が出て、茶屋新田の実家へもどったときだった。家の仏壇《ぶつだん》には、ニューギニアの戦闘で玉砕《ぎょくさい》した三男辰一《たついち》兄の位牌《いはい》が祀《まつ》ってあった。遺骨も遺品もない、二十七歳の戦死だった。俺とはひとまわり以上歳が離れているので、記憶らしい記憶はなかったが、それでも兄は兄だ。幼い遺児《いじ》もいる。

（どんなにか生きて帰りたかったろうになあ）

フィリピンの戦没者慰霊地にて（1970年頃）

そう思うと、口惜《くや》しくて瞼《まぶた》が熱くなった。

とはいえ、でっかい軍需工場に動員されて、B29の執拗《しつよう》な爆撃を逃げまわりながら、怪我《けが》もなく家に帰れたのだから、嬉《うれ》しいにはちがいない。

実家は、父亡きあと、皆の話し合いで、四男の伊三郎《いさぶろう》兄が継いでいた。その兄夫婦と子供たち、後家《ごけ》さんになった母

家族たち

と、俺より三つ年上の姉がいた。俺たち兄姉《きょうだい》は、他人がうらやむほど皆仲良しだったが、俺はとりわけ三つ年上のとめ子姉さんと仲が良かった。幼いころから、ジャンケンで便所の取り合いをしたり、母が大火鉢《おおひばち》の灰に埋めておいてくれる焼き藷《いも》を取り合ったり、いつもじゃれ合っていた。とめ子姉さんは俺より年上だから、ちょくちょく俺をごまかして勝ちを取っていたが、それでも俺はとめ子姉さんが好きだった。

　できることならこのまま家でぶらぶらしていたかったが、働き者の兄はいい顔をしない。

「いい若いもんが、いつまで遊んどる」

と小言《こごと》をくれる。兄嫁は俺をかばって、

「房《ふさ》さんは体は大きいけれど、年からいったらまだ中学年齢だもの」

と言ってくれるのだが、俺は逆に優しさに発奮《はっぷん》した。そうだ、いつまでも甘ったれて兄貴の下働きをしていたら、体も心もなまってしまう。やっぱり手に職をつけにゃいかん。ちゃんと金を稼《かせ》いで、自分で自分の口を養ってこそ、男というものだ。

俺はそう決心して、あちこち職を捜《さが》した。しかし終戦直後のこととて、大工場は空襲でつぶれてしまっていたし、小さな工場には仕事がなかった。そこで俺はとりあえず、自分の体力を頼みに、名古屋港の仲仕《なかし》をやった。艀《はしけ》から米俵《こめだわら》やセメント袋をかついで、幅三十センチ、長さ六メートルくらいの板を渡って、港の倉庫へ荷を運び込む仕事だ。俺は俵《たわら》なら二俵《にひょう》かついでも平気だった。俺の体重と俵の重みで、足の下の板がたわみ揺れる。体はでかいが顔は子供の小僧っ子が、やるじゃないかと、仲間の仲仕たちが目を瞠《みは》っていた。

そうして仕事が終わり、夕方になると、俺は和服に着替え、次男の正一兄にもらったバイオリンを片手に、村の女の子の家へ行き、我流《がりゅう》でバイオリンを弾いたり、流行歌を歌って、夜遅くまで遊んだ。

いまはもう、そういう風習はなくなってしまったが、当時の村では、結婚適齢期を迎えた娘っ子のいる家へは、似たような年頃の若者が、ごく当り前に集まった。若者は「遊びに来ました。よろしく」のひとことで、娘っ子の家人《かじん》に迎えられ、茶とか漬け物なんかふるまってもらえたりした。

言ってみれば、農村に自然に生まれた、仲人《なこうど》なしのお見合いのようなもので、娘の親たちは、そうやって村の内外からやってくる若者のなかから、娘の婿《むこ》を物色《ぶっしょく》するわけだ。いまのように〝婚活《こんかつ》〟も携帯電話の出会い系サイトもない時代、そんな他愛ない遊びが、大っぴらに娘っ子に会える唯一《ゆいいつ》の楽しい時間だった。

仲仕の仕事のないときは、村の友人知人と組んで、町家《まちや》へ屎尿《しにょう》の汲み取りに出掛けた。農薬などない時代だから、農家は大きいところほど肥料の確保に懸命だった。町家の知人に頼んだり、野菜との物々交換《ぶつぶつこうかん》で契約を結ぶ農家もあった。

俺たちは数人で組み、それぞれ自転車にリヤカーを付け、空《から》の肥樽《こえだる》を六個載《の》せて、指定の町家をまわった。町家でもこのころはまだ、ほとんどが汲み取り式の便所だから、俺たちが行くのを待っていてくれた。一軒でおおよそ二樽が満杯《まんぱい》になる。それを天秤棒《てんびんぼう》に掛け、こぼさないように腰でバランスを取って、リヤカーへ運ぶ。一人三軒まわれば、割り当て完了だ。俺はいつも一番に完了し、もたついている仲間を手伝った。汲み取り隊は仲間意識が大切だ。臭い物を積んで町なかを抜けるのだ。一人でもひるめば、その気持ちが仲間に伝染する。それでなくても町には、俺たちのリヤカーに顔をしかめる奴がいる。「てめえの分も入ってるんだぞ」と言いたいのを、ぐっと押さえ、涼《すず》しい顔で通行人のあいだを走りぬけにゃならん。

村へもどり着くと、心底《しんそこ》ほっとした。仲仕の仕事より大仕事に思えた。運んできた屎尿を便槽《べんそう》に入れ、樽を洗い、ついでに手足も洗って、ようやく自分の身になり、部屋に寝っころがっていると、先刻《せんこく》の「臭《くさ》い仲間」たちが、一人二人と、小ざっぱりした身なりに変わってやってきて、今夜はどの娘っ子の家へ遊びに行こうか、という話になる。

まるで、そういう楽しみのために、昼間働いているみたいな俺たちだった。

アイスキャンデー売り

尾籠《びろう》な話のあとで恐縮《きょうしゅく》だが、アイスキャンデーを売り歩いたこともある。仲仕で稼いだ

アイスキャンデー売りの様子

金でアイスキャンデーを仕入れ、内側にブリキを張った箱に入れ、自転車で売り歩くのだ。これは何故《なぜ》か人通りの多いところでは、あまり売れなかった。長屋とか仕舞屋《しもたや》などが集まった、ひっそりとした露地《ろじ》のほうが売れた。

そういうなかに、二十人ほどのお針子《はりこ》さんが、お師匠さんを囲んで、和服の仕立てをしている家があった。チリン、チリン、と鐘《かね》を鳴らしながら露地へ入ってゆくと、少しして「アイスキャンデー屋さん」と、俺を呼びながら女の子が走ってくる。アイスキャンデーを買ってくれるという。急いで金を集めて走って来たらしく、額《ひたい》や鼻の頭に汗の粒をうかべている。キャンデーが溶けると可哀《かわい》そうだから、俺は自転車ごと露地をもどって、家の中まで箱を運んでやった。

「好きなのを取って下さい」

と俺が言うと、我もわれもと、お針子たちが箱を覗《のぞ》きこんでくる。扇風機《せんぷうき》もない、団扇《うちわ》がぱらぱらと置いてあるだけの、蒸《む》し暑い部屋だった。俺は不意《ふい》に彼女たちに心打たれた。こんな夏の盛りに蒸し暑い部屋で、汗を拭《ふ》き拭き、一心に仕立物《したてもの》をしている若いお針子たちに心を動かされた。働く者同士への共感とでも、言おうか。

（よし！）

俺は決めた。

「お代はいらない。皆さんにあげる」

箱にあるだけのアイスキャンデーをお針子さんたちにプレゼントした。「わーっ、きゃあ」と喚声《かんせい》があがった。なにやら、でっかい善根《ぜんこん》をほどこしたような、いい気分だった。

㋩の兄の手伝い

どんな道を行こうとしているのか、目標もないまま、あれをやりこれをやりしているうちに、次男で魚屋をやっている正一《しょういち》兄から、

(は)の兄・正一

「俺が一人前に仕込んでやる。魚屋になれ」

と声が掛かった。

渡りに船だった。俺は喜んで兄のもとへとんで行った。

正一兄は子供のころから、魚屋の親方に弟子入りして、商《あきな》いを習っていた。朝早く、親方について下之一色《しものいっしき》の漁港へ仕入れに行き、それをそのまま、契約先の料亭《りょうてい》や旅館へ持ち込むのだ。

この兄はまた洒落者《しゃれもの》で、商売を早めに切りあげては、三味線《しゃみせん》だ小唄《こうた》だバイオリンだと習って、芸者遊びの座敷で披露《ひろう》しては得意がっていた。俺がときどき、じゃれついて行って、商売の手伝いをすると、小遣《こづか》いをくれた。

その兄がやがて、独立して知多半島の豊浜《とよはま》で魚商をすると言い出した。なぜそんなところへ行くのか、名古屋ではいけないのか、と訊《き》くと、親方の商い先とぶつかって、得意先を取るようなことになっては、恩を仇《あだ》で返すことになる。豊浜ならそういう心配なしに、自由に客を獲得できる、と言った。

俺は兄の義理堅《ぎりがた》さと、知らない土地で一からやろうという、その心意気に敬服した。

豊浜行きには、他にもう一つ理由があった。

昭和十二年七月七日に勃発《ぼっぱつ》した日中戦争で、正一兄も多くの青年と共に、中国戦線へ引っぱり出された。その当時の軍服姿の兄の写真の胸には、三個の勲章のほか、ひとまわり大きい金鵄《きんし》勲章が輝いている。戦地で、兄の所属する部隊が、後続の物資補給部隊と長らく連絡が取れず、食糧が絶え、餓《う》えに苦しみながらよく部隊を持ちこたえさせた。そのことへの恩賞《おんしょう》だという。もっとも兄は、このときの栄養失調がたたって、鳥目《とりめ》になって帰国した。

一方、この日中戦争のなかで、兄は相川清松《あいかわきよまつ》という陸軍伍長と知り合った。年齢も階級も兄より上だった。知多郡豊浜出身のこの伍長殿は、同じ愛知県出身の正一兄を気に入って、

「もし自分が戦死したら、豊浜の女房子供を頼む。子供を魚屋に仕立ててくれ」

と遺言《ゆいごん》のような言葉を正一兄に遺していた。

兄はその約束も、豊浜行きで果たそうとしていたのだ。そうして兄は豊浜で家を借り、㊩の看板を掲《かか》げた。

俺は兄の家に住み込んで、毎朝四時に起き、豊浜漁港で仕入れた魚を缶に詰め、河和《こうわ》駅

兄・正一（中央右端）と家族たち。右隣は母やすとすう。
前列は右の二人は筆者の子どもたち、中央・長男充資、右端・次男照彦

始発の名鉄電車に乗って、神宮前駅の市場へ運んだ。けれどこんなことでは、たいした儲《もう》けにもならないので、船を買って、篠島《しのじま》や日間賀島《ひまかじま》、ときには答志島《とうしじま》までまわって、漁師の船から直接生きた魚を買って、名古屋の市場へ持って行った。

当時は米と同様に魚も統制物資《とうせいぶっし》になっていたので、大量に運び入れる魚は喜ばれたし、それなりの儲けにもなった。ただし当局の取り締まりの目を盗んでの売買なので、警察に見つかれば全部没収《ぼっしゅう》だ。それでも懲《こ》りずに続けた。

この商売で大変だったのは、警察との追っかけっこより、漁師から買い集めた魚を船倉に入れて、名古屋まで運ぶ途中の作業だった。船倉にはタイ、ハマチ、オコゼなど、さまざまな魚にまじって、タコ、イカ、カニなども泳いでいる。これを元気な状態のまま運ぶには、海水が変わる野間《のま》の灯台あたりで、船倉にもぐって、海水の通る穴に栓《せん》をする必要がある。

これが大変だった。魚のなかには鋭い鰭《ひれ》を持っているのもいる。そのなかへ、こちらはシャツ一枚の裸に近い恰好《かっこう》でもぐって行くのだから、首筋や手足を刺されて痛いのなんの。タコやイカには墨を吹きかけられる。息は苦しい。数カ所の穴へ栓をして浮き上がると、体のあちこちが赤く脹《は》れ、喉《のど》の奥まで生臭《なまぐさ》くなっていた。

兄とうめさんの結婚

正一兄が中国戦線で知りあった相川清松という戦友から、女房子供を頼むと言われ、その約束を果たすため、豊浜に移り住んだことは、先に述べたが、その戦友の奥さんは相川うめさんと言い、当時子供が四人いた。

正一兄も豊浜に移住してから結婚し、やす子という可愛《かわい》い女児を授かっていた。もちろん兄はその間にうめさんに会い、困ったことがあったら何でも相談にのると伝えていた。そうして、魚の行商をやりたいと言ううめさんに、魚の仕入れや売り方などを教えていた。

そうこうするうちに、お互いの気持が通い合い、また、子供四人を恥ずかしくない人間に育て上げるには、女一人の力ではむつかしいと言う、うめさんの訴えをもっともと思い、兄は妻の久恵さんと離婚し、うめさんと再婚した。

ただし、うめさんと結婚はするが、籍は入れない。うめさんは相川姓のままで、正一兄

（上）左から㋩の正一会長、長女やす子、正二、常雄（本家の跡取り）。
（左）正二の妻。

は別れた妻子の面倒《めんどう》を生涯見る、という条件付きだったと思う。

久恵さんは大人《おとな》しい人で、もともと夫が統制の網の目をくぐって、危なっかしい商売をすることに不安を感じ、やめてほしいとも思っていたこともあって、別《わか》れ話に逆上することもなく、円満離婚となった。

久恵さんはその後、亡くなってしまわれたが、やす子さんは、いまも㋩に出入りしていて、親戚づきあいがつづいている。

正一兄とうめさんのあいだには、男の子が二人生まれた。双子だった。一人は正一《まさいち》、もう一人は正治《まさじ》と

正一兄の長女・やす子

名付けて、正一兄の籍に入れた。
うめさんと二人で開いた魚屋㋩は、順調にのびていった。正一兄はうめさんに魚屋のやり方を指導はしたが、自分は表に立つことはなく、裏方に徹していた。
うめさんは正一兄にいろいろ教えをうけて商売上手になった。頭の回転も早かった。一を聞いて十を知る呑み込みの良さと商才とで、どんどん商いを伸ばし、わずか五坪だった店を、昭和三十年に木造二階建へとひろげた。客も増えた。ただ魚を売るだけではなかった。客の要望があれば、その場で正一兄が刺身にし、焼き魚も出した。
そうして昭和四十年には㋩本館を建て、昭和五十年には、峠という所に、鉄筋コンクリート四階建の、活魚料理旅館を開いた。

うめさん（左）と著者

現在の(は)会長正一夫人（右）と著者。うめさんのポスターの前で

正一兄死す

鉄筋コンクリート四階建の料理旅館が店開きした八年後の夏、正一兄がコトリと亡くなった。文字通りコトリと息を引き取る静かな逝《ゆ》き方だった。

その朝、仏壇に向かって経《きょう》を読み、終わって、息子のお嫁さんに席を譲《ゆず》り、後ろの席で手を合わせ数珠《じゅず》を揉《も》みながら、一つ御辞儀《おじぎ》をするようにして息絶えた。七十二歳だった。

現在の㋩正一会長

死ぬ少し前、夢を見たと言っていた。

「清松さんが軍服姿で現れてなあ、俺にありがとう、ありがとうと、わけもなく礼を言うんだ」

と兄は気味悪そうに言うのだった。

俺はそれから間もなく兄の死を聞いて、兄が

㊫の紅枝垂れ石の前で。

そんな夢を見た意味を悟《さと》った。清松さんは正一兄の死が近いのを知って、急いであの世から礼を言いに来たのだろう。

㊫は現在、息子の正一《まさいち》さんが会長をつとめ、店舗も豊浜から中部国際空港、名古屋市内のラシック、さらに常滑《とこなめ》のリンク駅西側にも出店へと増え、ますますの発展ぶりである。正一さんは人を逸《そ》らさない気配りや、会話のたくみな人で、昔世話になった人や親戚にも盆暮れの挨拶《あいさつ》を欠かさず、㊫の会長としてだけではなく、親戚一同の中心人物、大黒柱の役も買っておられる。

初恋は泪《なみだ》の味

隣の畑のKちゃん

俺は早熟《そうじゅく》だったけれど、本気で恋をしたのは、遅くも早くもない十七歳のときだった。Kちゃんと言って、目元の涼《すず》し気《げ》な愛くるしい娘っ子だった。俺より四つ下の十三歳。

俺の実家の田圃《たんぼ》の隣が、彼女の家の田圃だったので、いつも顔を合わせていた。

俺は野良《のら》仕事は好きではなかったが、彼女に会いたい一心で、そのころはせっせと田圃に通ったものだ。その甲斐《かい》あって、毎晩彼女と会えるようになった。

人を好きになるということは素晴らしい。なにしろ嫌なこと腹の立つことが、皆どうでもよくなって、その人のことを考えるだけで、幸せな気分になれるのだ。田圃の泥に浸かっても、足腰が辛くなっても、彼女の顔さえ見ればすべての憂《う》さを忘れられた。特にKちゃんの笑顔は愛らしかった。微笑むたび片頬《かたほほ》にえくぼが生まれ、小さな赤い唇《くちびる》から八重歯《やえば》がのぞいた。俺はその笑顔に会うたび、胸がきゅんと鳴った。そうして、五分でも十分でも早く作業を切り上げて、彼女と二人きりになることばかり考えた。俺が彼女を好きなように、彼女も俺のことを好いていてくれると信じていた。野良仕事をしながら、今夜行くよと声をかけると、Kちゃんは少しはにかんで、こくんと頷《うなず》く。その様子がまた愛らしく、俺はいよいよ胸きゅんだった。

初恋の相手の友人たちと。初子さん（右）と富子さん（左）。

そのころ村の寺で毎週茶道を教えていた。彼女がそこでお茶を習っていると知って、俺も習いだした。もちろん目的はKちゃんに会うことだった。そのお茶席で、俺たちは小さな秘密を共有することになった。

お茶といえば菓子が付き物だが、当時お茶菓子は貴重品だった。俺たちはそれを食べるふりをして、こっそり懐紙《かいし》に包んで懐《ふところ》にしのばせ、帰り道に、田圃のなかの、稲ワラを山積みしてある所に、人目をしのんで肩を寄せ合い、懐《ふところ》に隠してきた菓子を、互いに食べさせたり、させられたりするのが、無上《むじょう》に楽しかった。

いつだったか、同じ村の仲良しで一つ年下のAさんと、蟹《カニ》を釣りに行くことになった。男二人では面白くないからKちゃんを誘った。彼女は友達を連れてきて、都合よく男二人女二人で藤前干潟《ふじまえひがた》へ出かけた。そこから舟で一キロほど沖へ出る。

釣りといっても、釣り竿を使うのではなく、蟹釣り用の篭《かご》に鰯《イワシ》の餌を仕掛けて、海中へ吊り下げるのだ。時間を計って引き上げると、うまい具合に人数分のワタリガニが入っていた。コンロに火をおこし、海水を鍋《なべ》に汲んで蟹をゆでているさなか、舟が揺れて鍋の熱湯が俺の足を直撃した。

俺は「アチイ、アチイ」と悲鳴をあげる。Kちゃんは泣きそうになる。海水へ足を浸《つ》けてなんとかこらえた。さいわい火傷《やけど》はたいしたことなく、ゆであがった蟹のうまさに、痛みを忘れた。思春期の他愛ない思い出である。

もっとも、他愛ないとは言い難《がた》い、苦く辛い結末が、そのあとにやってきた。

駆け落ちを決意する

Kちゃんとつきあうようになって、二年ほどたったころ、俺は彼女と結婚しようと決めた。Kちゃんの気持を訊《き》くと、

「房夫さんのお嫁さんになる」

と、嬉しい返事だった。

俺は勇んで彼女の家へ行き、

「どうか、Kちゃんをお嫁に下さい」

と、おふくろさんに頭を下げた。

Kちゃんの親父さんはすでに他界していて、おふくろさんと弟二人の母子家庭だった。

だから俺は、もし望まれるなら、婿《むこ》入りしてもいいくらいに思っていた。

だが、おふくろさんは即座に俺の申し込みを断った。

「あなたのようなチンピラに、娘はやれません」

きつい返事だった。

俺は返す言葉がなかった。俺は昼間こそ真面目《まじめ》に働いていたが、遊び好きで、夜になると和服の着流しという粋《いき》な姿（と自分では思っていた）で、バイオリン片手に遊び歩いている。堅気《かたぎ》なおふくろさんの目には、不良と映ったのも無理はなかった。

しかし、それでしっぽを巻くほど俺の恋ははんぱじゃない。俺はKちゃんに、二人で家を出て、新天地で所帯を持とうと口説《くど》いた。彼女は頷《うなず》いてくれた。

日時を決め、約束した村はずれの神社の前で、俺は待った。胸をドキドキさせながら、三十分、一時間、二時間、三時間待って、すっかり夜になってもKちゃんは来ない。

（なぜだ……？）

神社の周りを往《い》ったり来《き》たり、不安で胸が張り裂けそうだった。いろんなことが頭のなかを駆けめぐった。

母子家庭で長女のKちゃんは、大事な働き手である。弟さんは十歳と七歳。まだ幼い。彼女野良仕事だって満足には出来なかろう。そんな家族を捨てて家を出たらどうなるか。彼女はそれを思って出るに出られず、きっと苦しんでいる。俺はそう自分に言い聞かせて、とぼとぼと家に戻った。

以来、一度もKちゃんには会えなかった。彼女の家へ遊びに行くことも、田圃へ出ることもやめてしまった。辛さ悲しさを忘れるために、無茶苦茶に遊郭《ゆうかく》へ通いだした。

けれどKちゃんを恨《うら》んだことは一度もない。むしろ、人を恋することを教えてくれたのを感謝している。

建設業へ踏み出す

Y組に入る

　中川区の昭和橋通りに、土建業のY組という会社があった。そこを紹介してくれたのは、仲仕の仲間だったかどうか思い出せないが、面白そうだ、やってみようと思い立ったのは、一つにはKちゃんのことを忘れるためだった。そしてもう一つは、日本もようやく戦後の混乱を抜け出して、人々のあいだに復興の機運が広がりだしていたからだった。

　ひと口に建設の仕事といっても、いろいろある。ひよ方、大工、土方などなどがあるなかで、頂点に立つのは鳶職《とびしょく》だと聞いた。

(よし、おれは鳶になる!)

そう決心してY組に入った。

入ってみると、建設業は俺の性《しょう》に合っていた。荒っぽい奴が多かったけれど、喧嘩《けんか》になってもぐちぐちと後を引くことがない。男同士いったん信頼が通い合うと、とことん助け合う。腹を割って話し合えば、皆邪気がなくていい奴だった。俺はたちまち彼らから「坂《ばん》さん、兄イ」と持ち上げられるようになった。兄イと言ったって、俺の方がたいてい年下だった。

俺のいいところは、どんなはんぱな仕事でもおろそかにはしないことだ。頼まれた仕事はきっちり誠実にやって、親方にも注文者にも喜んでもらった。俺は仕事に手足を使うだけではなく、頭も使った。土方仕事、こまいかき(壁の芯《しん》となる竹を編む)、壁付け(壁塗り)、杭《くい》打ち、杭抜き。どんな仕事でも、どうすれば無駄《むだ》なく速く正確に出来るかを考えた。そうして、他人が五時までかかるところを、三時で仕上げるようになった。

そんなわけで、俺はY組に入って間もなく、三~四人の部下を持つ身になった。

最初の大仕事

Y組に入って最初に手掛けた大仕事は、鉄筋コンクリート四階建の住宅だった。場所は上前津《かみまえづ》の大井町。個人が鉄筋コンクリートの家を建てるなど、よっぽど金持ちか、新しがり屋かと噂《うわさ》になるくらいの時代だった。それも四階建とくる。

俺は張り切って現場へ通った。手始めは基礎造りだ。もちろんコンクリートミキサーなどない。地面を掘り、図面に従って鉄筋を編み、木枠《きわく》を嵌《は》める。コンクリートは手練りだ。六ミリ厚みの鉄板の上に砂とセメントをひろげて水を加え、シャベルで二人がかりでまぜながら練る。さらに砂利《じゃり》を加えて練り、枠へ流し込む。

一階が出来ると二階で同じ作業をする。そのためには、セメントや砂、砂利を人力で二階へ運び上げなくちゃならん。丸太を荒縄で縛って足場を組み、そこへ板を渡す。その板を渡って、コンクリートの材料を運び上げる。天秤棒《てんびんぼう》の両端に、砂やセメントを乗せたパイスケ（篭）を吊り下げ、それを肩に担《かつ》いで板の上を渡るのだから、力のない者、高所恐怖症の人間には無理な作業だ。

水はホースで上げるから問題ないが、パイスケ担ぎやコンクリート練りは、若い者でも手足や腰がきしんだ。一㎡のコンクリートを作るのに、二人がかりで五練りほど繰り返す。四階分のコンクリート練りとなると、十五人くらいが交代でやっても皆へばった。

この方法で二棟建てた。それだけに完成したときは「万歳！」だった。事故もなく怪我人も出さず、つくづくよくやったと思った。注文主も喜んでくれ、酒が出た。皆大喜びで酔いつぶれた。コンクリートミキサーや、吊り上げウインチなどが出来たのは、それから一年くらいあとだった。

懐かしい大須

Y組に入って仕事も覚え、すっかり真面目人間になったかというと、俺の遊び好きは

現在の大須商店街。左は昔から仲良くしてもらっていた「大須屋」。

いっこうに直らなかった。仕事を早く切りあげて、夕暮れにはまだ間がある、はんぱな時間が出来ると、仲間と一緒に大須へ行った。その頃の大須には、宝生座、黄花園、港座と三つの芝居小屋があった。港座はストリップが売りもので、黄花園は剣劇場、宝生座は新劇が売りだった。矢場町のロマン座にも行った。

　俺はいちいち切符を買うのが面倒なので、行くたびに、ちょっとした手土産《てみやげ》を持っていって、切符売場のねえちゃんにプレゼントして顔パスにしてもらった。港座も宝生座も黄花園も、その手で木戸御免《きどごめん》だった。だから見たいときに見たいだけ、若い可愛い子ちゃんの裸も見せてもらったし、島田正吾のチャンバラ芝居も、まだ文学座の大女優になる前の杉村春子の芝居も見せてもらった。

　杉村春子には楽屋へよばれたこともある。俺がちょくちょく小屋のかぶり付き（最前列）に陣取っているのを、舞台の端からかいま見て、（あの若い子は、よほど芝居が好きとみえる）と勘違いしたのかも知れない。まさか只《タダ》で出入りしているとは知らず、俺を楽屋へ招いてくれ、差し入れの菓子まで分けてくれた。

そのころの大須は、いまとはちょっと違った盛り場で、安物から高級品までごたまぜの、ちょっといかがわしいにおいもある所だった。

ちなみに、大須で物を買うときは値切るのが当り前、正札《しょうふだ》で買う奴は田舎者《いなかもの》かバカだと言われた。いまはもちろんそんなことはない。

パチンコ店を始める

Y組に入って遊び仲間も増えたが、俺の一番の仲良しは、やっぱり同じ村のAさんだった。そのAさんから東区の代官町商店街に出物の店がある、一緒にパチンコ店をやらないかと誘われた。面白そうだ。しかもAさんの誘いでは断れない。

俺は親方のところへ行って、組をしばらく休みたいと願い出た。

「ああ、いいよ」

と親方はあっさり許した。一応は引きとめられるだろうと思っていた俺は、拍子抜《ひょうしぬ》けした。そんなに軽く見られていたのかと、ガックリもした。だがそうではなかった。親方は、事務所を出る俺の背中に、

「パチンコ屋に飽いたら、また来いよ」

と言ってくれたのだ。つまり親方は、俺のパチンコ店など、どうせ寄り道の素人商売《しろうとしょうばい》だ。すぐ駄目になると見抜いていたのだ。そして親方の勘は当っていた。

パチンコ台は六十台。二十の扉という名のついた台で、中央の二十個玉が詰まったドラムの口に、打ち玉が入ると、ジャラジャラと二十個玉が出る。その他、五個出る口や三個出る口、一個出る口も並んでいる。

客寄せの軍艦マーチも用意して、俺とAさんと、釘《くぎ》のいじり方を習ってきたAさんの弟と、三人で始めた。すべり出しは上々だった。娯楽に餓《う》えていた客が、小銭《こぜに》を握って押し寄せた。

この当時のパチンコは、いまと違って指でバネを弾《はじ》いて、玉を打つ仕組みである。指の使い方、力加減で玉の行方がきまる。あんがい技術がいる。それがわかって去って行く客がいる。最初のうちこそ熱くなった客も、二度、三度と持ち金を吸い取られて、ふと我にかえる。これはいかん、と去って行く。

加えて、俺自身が本気じゃなかった。どうせ親にもらった小遣いを握りしめてやってきたにちがいない娘っ子をみると、つい三十分くらいは遊ばせてやりたい気持になって、裏で機械を操作して玉を出してやる。娘っ子は喜ぶが、店は儲からない。一年たたないうちに閉店になった。俺のせいばかりではないが、Aさんには気の毒をした。

唐獅子牡丹の入れ墨

俺はまたY組へもどった。親方は笑って受け入れてくれ、また組の若い衆（といっても俺より年上ばかり）を何人か、俺の下に付けてくれた。

建設業界はまだまだ好景気だった。

俺は毎朝、自転車に道具を積んで、若い衆と一緒に現場へ走った。天白《てんぱく》、八事《やごと》、東山《ひがしやま》、大曽根《おおぞね》、市内ならどこへでも自転車だった。遅くても九時半には現場へ着くようにした。そうして下準備をし、十時には仕事にかかる。

木造建築なら、藁《ワラ》を束ねて押切り機で十センチほどの長さに切る。この「すさ」を土にまぜ、水で練る。壁の芯《しん》になる竹を編む。壁土を練る者、運ぶ者。俺はほとんど一人で、上から下へ手早く壁を塗った。塗りながら若い衆へ励《はげ》ましの声を送った。

「早いことやっつけようぜ」

「終わったら一杯やろう」

「手は抜くな。きれいにやればお礼が付くぞ」

現場で働く者は、上の者のそういう声掛けに敏感だ。真面目に動く。

現場仕事というのは、だらだらと夕方五時までつづけるのが当り前になっていたが、俺はそういうのは嫌いだ。早く終えて遊びたい。他の者だってそうだろう。だらだらと一日が潰《つぶ》れてしまうより、一時間でも一時間半でも早く終わって、自由になりたいだろう。上に立つ者次第でそれが出来るのだ。

「よし、今日の予定はここまでだ。一杯やりに行くか」

俺がそう言うと、皆大喜びした。仕事が楽しいとは、こういうことでもある。おかげで若い衆は皆、俺の下につきたがった。

そんな若い衆のなかに、俺と気が合って、よく一緒に遊んだ岡田勘一君がいた。彼は石川県の能登半島、羽咋《はくい》の出身で、日比野《ひびの》の叔父《おじ》の家からY組へ通っていた。

あるとき、その勘一君とのあいだで、

「どや、入れ墨でも入れてみるか」

という話になった。

そのころ、ある週刊誌に山下喜作という人物の記事が載っていた。入れ墨では日本一の彫師《ほりし》だということだった。

二人で山下氏のもとを訪ねた。

山下氏は俺たちをじっと見据《みす》えて、言った。

「わかっとるか君たち。入れ墨というのは、一度入れたら消すことは出来ん。若いもんは、入れ墨を背負《しょ》ったら自分に箔《ハク》が付いたように錯覚《さっかく》して、威張《いば》りくさったりしよる。だがこんなものは、しょせん裏社会の飾りにすぎん。後悔する前にやめとき」

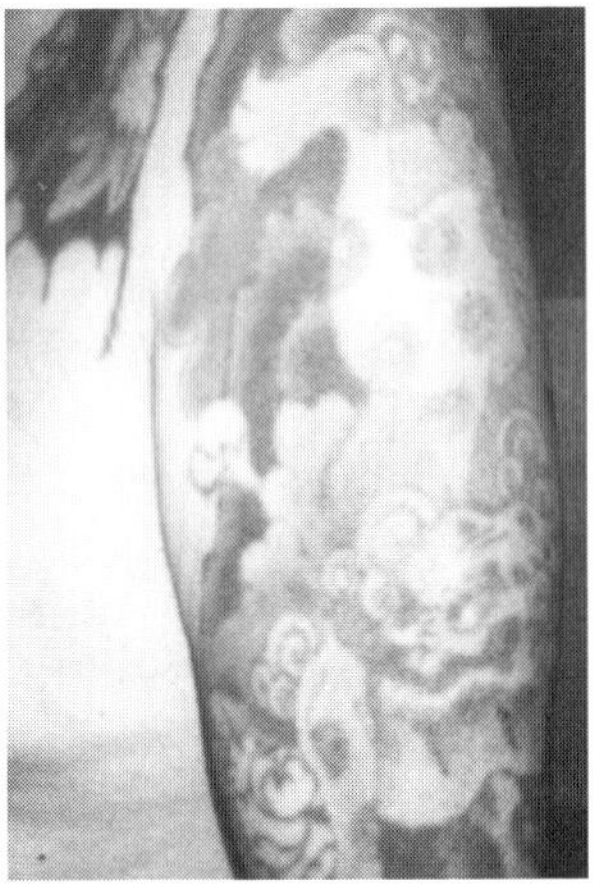

唐獅子牡丹の入れ墨

俺は引き下がらなかった。

「先生の言われることはわかります。入れ墨を人様にひけらかして、威張ったり脅《おど》したりするつもりは、まったくありません。ただ、建設現場で働いていると、やくざなチンピラが『挨拶《あいさつ》せんかい』と言って来ます。そんなやつらに負けたくない。お前ら誰にもの言ってるんじゃい、と追い返してやれる自信がほしいんです」

つまりそのための看板《かんばん》であり、心の支えとして墨をいれたいのだ、と俺は食い下がった。おかしなことに、しゃべっているうちに本当にそんな気になった。最初の面白半分はどこかへ消し飛んでいた。勘一君も同じようなことを言って頭を下げる。

結局、そこまで言うなら、ということで許可が出た。早速、図柄選びになった。分厚い見本帳から俺が選んだのは『唐獅子牡丹《からじしぼたん》』だ。勘一君もそれがいいと言う。

いよいよ彫りが始まる。最初は筋彫《すじぼ》りといって、細い輪郭《りんかく》針を束ねたのに墨を付けて差し込む。痛いが、我慢《がまん》できないほどではない、と思っていたが、だんだん痛みが増してきて、脇の下から汗がしたたった。

入れ墨の針は、二本束ねから、三本、五本、七本、十本、十五本、二十本までである。もちろん太くなるほど痛い。しかも、彫ったあとに吹きかける化膿《かのう》止めのマムシ焼酎が、沁《し》みるというより焼けつくようだ。

それでも二日間で無事筋彫りが終わり、一週間後に朱を入れた。赤紫色の牡丹もと思ったが、金がなくなった。

勘一君は筋彫りだけで金が尽き、俺より先にやめていた。

若気の至りというか、恐いもの知らずというか、まったく若さの見本のような話だ。ただ、この入れ墨のおかげで、俺は実際度胸も付いたし、損もした。

Aさん金を持ち出す

あれは、俺が肩から二の腕にかけて、唐獅子牡丹を入れて少したってからであったと思う。

俺は相変わらず、夜になると遊び歩いていて、その遊び仲間のAさんが、ある日、

「おれンちの金の隠し場所がわかった。二～三日うちに持ち出すから、それで一旗揚《ひとはた》げようじゃないか」

嬉しそうに、そう言った。

「よし、やろう」

と俺は応えた。

Aさんの親は、新田のはずれの、農業用水を利用した池、というか、潮溜《しおだま》りで釣り堀屋をやっていた。池といっても、そこらへんのチャチな池ではない。幅三十メートル、長さ二キロもある釣り堀池で、魚は鯉《こい》、鮒《ふな》、ボラ、さまざまいた。そうして客が釣りを楽しんでいるなかへ、舟で集金にまわるのだ。なかなか繁盛していると聞いていた。

だから金持ちの息子だとは知っていたが、それでもまあ、二人が一晩、どんちゃん騒ぎができるていどの金をもってくるのだろうと、俺は思っていた。

そこでその日、待ち合わせの場所で待っていると、Aさんはでっかい風呂敷包みをかかえてきた。

「何だ、夜逃げでもするのか。何を持ってきたのだ」

「金だ」

俺はびっくりした。えらいことになったと、逃げるように名城園《めいじょうえん》へ駆け込んだ。名城園というのは、遊郭八幡園《やわたえん》のなかにある遊女屋で、俺たちの馴染《なじ》みの店だった。

店へ入るなり、Aさんが興奮した口調で、

「女将、きょうは総揚《あ》げだ」

と言う。

名城園の女将《おかみ》のほか、八人全員を呼んでビールで乾杯し、Aさんが風呂敷包みを解く。なかから皺《しわ》くちゃの百円札、びっくり箱のろくろ首のように、ぷわっと飛び出した。女たちは目を丸くして、

「いやだァ」

「強盗でもしてきたの」

わあわあ、きゃあきゃあと騒ぐ。

「おれンちの床下になあ、こんなでっかい、ひと抱えもある瓶《かめ》が三つも埋めてあってよ、そンなかに、こういうくしゃくしゃの百円札が詰め込んである。釣り客から集めた金を、

そのまま皺のばしもせず、数えもせず、放り込んだンやろ。それやったら、ちょっとばかりくすねたって、わかりやせん。いくらあるか、皆で数えてくれ」

Aさんの言葉に名城園の女将まで加わって、一枚一枚、皺をのばしのばし、札数《さつ》えがはじまる。

「こんな大金、五年十年遊んで暮らせますがね。Aさん、どうしやアす」

途中で女将がうんざりしたように言う。

「これで房《ふさ》さんと一緒に一旗揚げるンや。けど、持ち運ぶに、風呂敷ではいかんなあ」

「よし、俺が鞄《カバン》を買ってきてやる」

俺は札を数えるような辛気《しんき》臭いことには手出しせず、横目で見やるだけだったので、これ幸いと逃げ出した。

八幡園の外へ出て鞄屋を捜した。折り鞄を買うつもりだったが、そんな店は近辺にはない。仕方なく、小間物屋で、帯芯《おびしん》で作った鞄を買った。肩から下げる鞄だ。

名城園へもどると、まだ数え残しがあるのに、皆ビールを飲みながら、ばかを言ったり笑ったりしている。

とりあえず、束になったのを鞄に入れたが、三分の一で満杯になった。千円札などない時代で、百円札でもいまの千円札よりひとまわり大きいのだ。仕方なく、残りはまた風呂敷に包み、あとはどんちゃん騒ぎの果てに、国さんは馴染みのまゆ子の部屋へ、俺はこちらも馴染みのとし子の部屋へしけ込んだ。金は全部で四十八万六千円ほどあった。

遊廓のなごりをのこす建物（八幡園の一部）

翌日、東京を目ざすことになって、夜行列車に乗った。俺は鞄、Aさんは風呂敷包みを枕に寝ようとするのだが、中身が気になって二人とも眠れない。仕方なく三島で降りて遊郭へ行き、そこで二晩遊んだ。

そのあと東京へ行くには行ったものの、さて何をどうしてよいのかわからない。一旗揚げるといったところで、何をするという確かな目標があるわけではない。とりあえず新聞を買って鳶の仕事を探し、面接に行ったが、俺はともかく、Aさんは鳶どころかまったくの門外漢《もんがいかん》なので、二人とも断られた。

しかし断られて幸いだった。大金を抱えて土建仕事などしていられるわけがない。こうなると金も厄介《やっかい》なものだ。行く先は遊郭しかなかった。浅草をぶらついて吉原《よしわら》へ行った。そこでまた二晩遊んで、ふと思い出した。

俺と一緒に入れ墨をした岡田勘一君が、能登へ帰っているはずだった。

(よし、能登へ行こう)

といっても、羽咋《はくい》がどの辺なのか知らない。とりあえず金沢まで行き、電話帳を繰《く》って、当てずっぽうにダイヤルをまわすと、聞き覚えのある声が出た。

(やれ、嬉しや!)

名を告げて、事情を話すと、金沢へ迎えに来てくれるとのこと。持つべきは友なり、だ。Aさんと勘一君は初対面だったが、快く迎えてくれた。好意に甘えて、勘一君の家で二晩厄介になった。三日目の朝、さてこれからどうしようとAさんと話していると、勘一君が朝御飯を知らせに来て、ついでに、

「さっき、警察からおかしな電話が入った。坂《ばん》さんのことをいろいろ訊《き》くから、知らないと答えておいた」

と言う。

何のことかわからないから、俺は気にもしなかった。

朝御飯を馳走になったあと、勘一君と別れて、俺とAさんは北陸路《ほくりくじ》を鳥取まで行った。その辺で、さすがに放浪に飽いた。

「もどるか」

「うん、もどろ」

こうして当てどのない旅は終わり、名古屋の八幡園内、名城園へもどることになった。

呼子笛に、とまどう（警察に取り囲まれる）

八幡園へ着いたときは、ふるさとへ帰ったように嬉しかった。

ところが、玄関へ入ったとたん、背後でピー、ピーと呼子の笛が、けたたましく鳴りだした。男のわめき声もする。

なんだろうと怪《あや》しみながら二階へあがり、まゆ子、とし子と再会を喜びあっていると、外がいよいよ騒がしい。窓から覗《のぞ》くと、道路を警官たちが走っている。周りの店から出てきた女たちや通行人が、こちらを眺《なが》めて、指差したりしている。

そこへ女将が血相変えて、駆け上がってきた。

「ちょっと、あんたらのことらしいわよ」

「あんたらって、何のこと」

「知らないけど、どこかの女の人が店の前でAさんを呼んでいたわよ」

あっ、と合点がいった。Aさんが内緒で金を持ち出したのがばれたのだ。しかし大人《おとな》しいAさんが、一人でそんなことをするわけがない、と親は考える。誰かが後ろで糸を引いているに違いない。そこで、いつもつるんでいる俺の名が出る。Y組に問い合わせがゆく。長い無断欠勤がばれる。俺の行きそうなところを聞き出して、警察へ捜査願いを出す。能登の岡田勘一君のところまで、問い合わせが入ったのも、これでうなずける。

「どうしよう」

「逃げて！」

とし子が言う。

まゆ子も頷《うなず》く。

男二人は金を持って窓から軒へ出て、二階の屋根へ出る。ふと振り向くと、なんということだ。女たちまで、着物の裾《すそ》を乱して屋根へはい上がってくるではないか。

「もどれ、もどれ」

と手で制するが、女たちは

遊廓のなごりをのこす建物（八幡園の一部）

「生きるも一緒、死ぬも一緒」

と恐ろしいことを言う。

道路は黒山の人だかりだ。隣の店の屋根へ逃げた。屋根と屋根のあいだには、一メートルほどの隙間《すきま》がある。男二人は跳《と》んだが、女たちは跳べない。跳べ、跳べ、と手を差しのべるが、跳べなくて、入母屋《いりもや》の下へ頭を隠し、尻隠さずの恰好《かっこう》で震《ふる》えている。

そうこうするうちに、前後左右から登ってきた警官に、四人とも挟《はさ》みうちになった。

女たちはその場でお咎《とが》めなしとなったが、俺とAさんは派出所へ連れて行かれ、持ち物を全部出せと

連行された交番（現在の姿）

言われた。ポケットの中まで探られ、身体検査を受けた。残った金が二十五万円くらいあった。警官に「これで全部か」と訊《き》かれ、そうだと答えた。

「お前が年上だからそそのかしたのだろう」

と俺を取り調べた警官が言う。

俺はありのままを話した。すると警官は、別の部屋へ行き。しばらくしてもどると、

「わかった、もういいから帰れ」

Aさんからも事情を訊《き》いたのだろう。無罪放免となった。

Aさんは実家から迎えにきた母親と兄に左右を挟まれて、帰っていった。

その後のAさん

これはあとで聞いた話だが、Aさんは警察から実家へもどる際、迎えに来た母と兄に、まゆ子と結婚したい、一緒にさせてくれなければ帰らない、と駄々《だだ》をこねたそうだ。

Aさんという男は、うぶというか純情というか、女の子に自分から声が掛けられない。まして女の子と二人きりになると、何をどうしてよいのか、ただへどもどするばかりだった。そんなAさんを男にするつもりで、俺は名城園へ誘い、気立てがよくて真面目と評判のまゆ子を紹介した。

Aさんはたちまちまゆ子に夢中になり、俺にのろけ話を聞かせるくらい、男としても自信をつけたようだった。思惑《おもわく》が当たって、俺は満足だったが、まさかまゆ子を女房にしたいと言うほど惚《ほ》れていたとは、知らなかった。

しかも、その後本当にまゆ子と結婚してしまったのだから、見上げたものだ。結婚して新居も建ててもらい、田圃ももらった。

もっとも、Aさんは自分で野良仕事をする気はない。田圃は人に貸して、自分は学校の用務員になった。奥さんのまゆ子さんはゴルフのキャディになる。幸せそうな二人を見て、俺はもうAさんを遊郭へは誘えないと悟った。

仕方がない。俺一人でとし子のもとへ通った。ところが不便なことが生じた。Aさんと一緒のころは、お互い金のないときは貸し借りが出来たが、一人となると、金がなければ名城園まで行っても、その前で立ち往生だ。

店の前を往《い》ったり来《き》たりしていると、とし子が見つけてくれて、自分の金で俺を上げてくれたりした。とし子はそんな情の深い女だった。

とし子のそういうところに惚れたのか、前々から彼女を目当てで通って来ていた、ある材木屋の社長が、身請《みう》け話を持ち出してきた。

「どうしよう」

と、とし子は俺にすがった。

はっきりと口には出さなかったが、あきらかに俺に身請けしてくれと、目が訴えていた。

俺にすれば、何度か彼女に身銭《みぜに》を切らせている義理がある。よし、俺が身請けしようと言って、金策に走った。しかし遊女の身請け金となると、はんぱな金額ではない。組の親方に頼むにしても額が大きすぎる。

そうこうするうちに、ある日、とし子は俺を名城園の裏を走っている東海道線の線路ぎわへ連れ出し、一緒に死のうと言い出した。俺は青くなって、ここはひとまず、材木屋の社長のところへ行き、本当のところを打ち明けて、詫《わ》びるか頼むかしてみな。そのうち俺がなんとか金をつくって、店と話をつけて迎えに行くから、と必死になだめた。

人間、生きるの、死ぬのと瀬戸際《せとぎわ》に立つと、義理も面目もなく本音がでる。とし子には申し訳ないが、俺はその日以後、名城園へ行くのをやめてしまった。

Aさんのその後を話すつもりが、とんだ脱線をしてしまった。話をもどそう。

Aさんとまゆ子さんは、おしどり夫婦のたとえどおり、仲の良い夫婦だった。ただ残念なことに子供がなく、一歳半になるAさんの妹の子を養女にした。ところが、その後十三年ほどしてまゆ子さんが急死すると、前後して養女が男と駆け落ちしてしまう。一人ぽっちになったAさんは、学校の休日ごとに釣りに行き、帰りに俺の実家に立ち寄って、

「房さん元気ですか」

と俺の消息を訊《き》き、魚を何匹か置いていったと聞く。

それでも、用務員を定年まで勤め上げ、退職後半月ほどして、初めて新幹線に乗る、と楽しそうに旅行に出かけたが、その途中、京都で気分が悪くなり、病院へタクシーを走らせて、そのまま帰らぬ人となった。

俺より一つ年下のくせして、なんで先に逝《ゆ》くのだと、俺は泪《なみだ》がとまらなかった。俺の一番の親友を、六十にもなるかならぬうちに、天国へかっさらってしまうなんて、神様、あんた、ひどいじゃないか。

結婚へ

俺の采配で椙山高校を建てる

俺が二十歳《はたち》の頃、ちょっと大きな仕事に取り掛かっていた。覚王山の椙山《すぎやま》女学園高校の建設である。広い敷地内には既に木造の校舎が建っていて、そこへ新たに鉄筋コンクリート地下一階、地上七階建の校舎を建てるのだ。

元請けの技建木村株式会社から下りてきた話で、Y組の親方が俺を担当にしてくれたというわけだ。

　とりあえず技建木村の名古屋支社へ挨拶《あいさつ》に行くと、所長の伊藤氏が現れて、一緒に仕事をすることになる会社側の人たちに、引き合わされた。

「坂野さんはY組のベテランの鳶職《とびしょく》だから、わからないこと、困ったことが出来たら、何でも相談して下さい」

　そんなふうに紹介され、技建側の人、Y組の者ひっくるめて、二十八職種の職人の総指揮を俺がとることになった。つまり俺に挨拶しなければ誰も仕事が出来ないのだ。俺は二十歳。鳶さんか神さんかと言われるくらい鳶の位《くらい》は高かった。

　作業は地階の掘り方と、残土《ざんど》を運ぶトロッコのレール設置と、ほぼ同時進行ではじまった。掘削機《くっさくき》のまだない時代で、土は手掘りである。掘った土をトロッコに積む。さらに掘る。土留《どどめ》がしてないので、かなり広く構えねばならない。地上から四・五メートルくらい掘ったところで水が出た。排水の段取りをする。口径二十センチ、長さ四メートルの松杭を百二十本打ち込む。その道具も作った。すべてを指揮しながら俺が率先《そせん》して動いた。

　作業は順調に進んだ。そんなある日、所長の伊藤氏が顔をこわばらせて、俺の横へやってきた。いま、目付きの悪い男が事務所へ来て、何とか神社の寄付やら車代やらを出せと言っている。どうしたものだろう、と言うのだった。

「そんなもの、ちょっとでも出したら、あっちからもこっちからも、次々と脅《おど》しが来ますよ。俺が話をつけよう」

　そう言って俺は現場の仮設事務所へ向かった。なるほど目付きの鋭い、くりくり坊主の若僧が、たばこの煙を噴きながら、大股を開いて事務所の椅子にふんぞりかえっていた。俺が腕まくりして、黙ってそいつの前へ立つと、若僧は「なんだ」と俺を睨《にら》み返した。だがあきらかにひるんでいた。なにしろ俺の二の腕には唐獅子牡丹が睨みを利《き》かせている。

「帰ンな」

現在の椙山女学園高校

と俺は言った。

「悪いことは言わん。黙って帰ンな。どこの組のもンか知らんが、二度と顔を見せるな」

　若僧は腰を浮かし、鼻を鳴らし、必死に肩を怒《いか》らせて出ていった。以来どこからも誰からも「寄付」だの「挨拶料」だのとは、言ってこなくなった。

　工事は進んで、タワーの組み立て、アン

カー作りから、カード板据付け、ボーズの取付けへ移り、二階が出来、三階が出来、すべての作業が完了したのは一年半後だった。

土建作業に付きものの事故もなく、怪我人も出さず、工期も遅れず、きっちりといい仕事をしてもらったと、技建木村の所長、部長、課長、主任の皆さんから、何度もお礼を言われた。社長さんからは感謝状をもらった。

しかしY組の親方は、ご苦労だったと言いはしたが、現場へは一度も顔を見せなかった。何を考えているやらだ。

縁は異なもの

俺の最初の結婚は二十二歳だった。

名城園でAさんと一緒に警察につかまり、説教をくらったあと、俺はY組の親方に、いささか長かった無断欠勤を詫《わ》びて、仕事にもどった。

その日もきっちり仕事をして、余った時間にパチンコ屋へ行った。台を選んで、打ち始めると、しばらくして、当たりの口に玉が入っていないのに、チョロチョロと受け皿に玉が出てくる。おかしいなと思って上を見ると、女の子が台の上に顔を乗せて、ニコニコしている。ははアんと俺は合点《がてん》した。以前、Aさんと一緒にパチンコ屋をやったとき、可愛い子ちゃんたちに、サービスしてやったことを思い出した。

あのときの俺はただ単純に、女の子を喜ばせてやりたかっただけなのだが、この台の上のさらし首は何を考えているのだろう。

次々と増えてくる出玉に、とりあえずサンキューの合図を返して打ちつづける。すると玉皿が満杯になるころ、彼女が玉を入れる箱を持って俺の横へ出て来た。「ありがとよ」と俺は礼を言って箱を受け取り、ついでに、

「仕事、何時に終わる？」

と訊《き》いてみた。

八時半に終わるということだった。それなら今夜は名城園へ行くのはやめて、この子とデートだときめた。そうして、近くのたばこ屋の横で待ち合わせる約束をした。

名城園での騒動のあと、一番の親友で遊び仲間だったAさんを失って、いささか心寂し

い気持でいるときだった。遊郭へ行けば女はいるけれど、大っぴらに自由に遊べる女友達が欲しかった。

彼女は約束どおり、八時半少し過ぎに来てくれた。近くの屋台でおでんを食べ、町をぶらぶら歩いた。彼女は十六歳、名はT子。家は太平通りにある掖済会《えきさいかい》病院の近くだという。話をしてみると、真面目で素直な子だった。ふと俺は変な気がした。この子と結婚するのじゃないか……言葉にするとそんな気が走ったのだった。ここまで何人もの女の子とつきあってきたけれど、一度も結婚など考えもしなかったし、予感さえなかった。

それが、出会ったその日に「おや?」と感じたのだから、縁とは不思議なものだ。

実際、三カ月くらいたって、俺は真剣な気持で訊《き》いた。

「俺の嫁さんになるか?」

「なりたい」

と彼女はこたえてくれた。

善は急げだ。運のいいことに、俺はそのとき親方の貸家を建てている最中だった。そのなかの一軒を借りたいと、親方に申し込むと、

「まだ完成しないうちから借り手が来た」

と喜んでくれた。

その年の十月一日から借りることになり、一日早々にT子と同棲《どうせい》をはじめた。式はその月の三十日に挙《あ》げた。

鍋、釜、茶碗、蒲団《ふとん》。新婚生活に必要な道具を、T子と一緒に、ああでもない、こうでもないと品定めしながら買い調えるのが、無性《むしょう》に楽しかった。これが所帯《しょたい》を持つということなのか。それまでに俺は女性もあれこれ経験し、それなりの楽しさも味わってきたが、T子と所帯を持つ、この幸福感に較《くら》べたら、半分も本当の喜びを知らなかったのだ、と思った。

結婚してしばらくすると、

「あなたの帰りを、毎日ぼんやり待っているのは嫌」

とT子が言い出した。

もっともだ。そもそも彼女は、家が貧乏だったわけでもないのに、十四や十五からパチンコ屋で働いていた女だ。働き者なのだ。

「では、どうしたい?」

「働きたい」

「またパチンコか」

「ううん、違う。友達ンちのお母さんが、屋台のとんちゃん屋をやってるの。あたし、その仕込みを手伝ったことがあるから、それをやりたい」

よかろう、と話はきまった。

T子の親父さんが屋台を作ってくれ、場所も昭和橋に決めてきてくれた。

商売に入用《いりよう》な道具を調達し、昼間は食材の仕込み。夕方、俺が仕事から帰り、昭和橋へ屋台を引っぱってゆく。そのあとT子が一人で客の相手をする。終わるのは十二時だ。そのあいだ俺は、パチンコや一杯飲み屋で時間をつぶし、十二時にT子を迎えに行く。

一カ月ほどして、日比野《ひびの》の線路沿いに並んだ屋台が、どれも繁盛《はんじょう》しているのを知った。俺はそこへT子の屋台を移したいと思った。しかしそこはれっきとしたテキ屋の縄張りで、許可がいる。T子の親父さんに口利きをしてもらい、親分の許可がおりた。

昼間は俺が働き、夜は女房が働き、一年ほどして自分たちの家を建てた。T子の実家の敷地内に、家一軒が建つくらいの土地が空いている。そこを買わないかと親父さんにすすめられ、いくらか安くしてもらって、そこに建てた。一階は女房のとんちゃん屋、二階を住居にした。

独立への一歩

その後も仕事は順調だったが、厄介《やっかい》なことが持ち上がった。

南区の星崎にイワキ生コンの工場を新築する工事が、進行している最中だった。この仕事は、俺が三組（朝鮮人二組、日本人一組）の下請職人、七十～八十人を指揮してやっていた。

基礎から始まってコンクリート打ちへ、昼夜三交替で休みなしの突貫工事《とっかんこうじ》が順調に進んでいた。そうして月末が近づき、土方の請求書が出るときになって、

「坂さん、相談事があるのですが」

下請の親方が、俺の顔色をうかがうように言ってきた。

「改まって、何や」

「実は坂さんの親方のことで、言いにくいのだが、わしらに支払ってくれる金額が安すぎて、これでは赤字になってしまう。もう少し金額を増やしてもらえるように、坂さんから頼んでもらえないだろうか」

俺はこの仕事に関して、Y組がいくらで受注し、いくらで下請へ発注したか知っていた。実際、下請へ親方が出した金額は安すぎた。可哀《かわい》そうだと思っていた。助けて欲しいと頼まれれば、断るわけにはいかない。まして、俺の下で一緒に仕事をしてくれている仲間の頼みだ。

その日の夕方、俺は親方の事務所へ行って、下請の業者から泣くようにして頼まれたことを話し、少し上げてやってくれと言った。すると親方は、急に冷たい顔になって、

「そんなことは出来ん」

と突っぱねた。

そこを何とか、と下手《したて》に出て頼んでも聞き入れない。

俺はむかっとした。

「そんなことでは明日から下請の職人を使えない。俺の面子《めんつ》もあるから、組を辞めさせてもらう」

「ああ、出るなら出て行け。そのかわり、わしの目の黒いうちは、どんな仕事もいっさいお前にはやらせん」

「結構だ。俺は俺の道を行く。長い間世話になりました」

捨て台詞《ぜりふ》を吐いてとび出した。

翌日、俺に値上げの仲介を頼んだ下請の親方に、事の次第を話し、俺は組を辞めたと告げると、親方は肩を落とし、申し訳ないことをしたとしょげていた。それにしても、Y親方は三十人からの人間を束ねるに相応《ふさわ》しい、太っ腹の男だと信じていた、その信頼が崩れて、俺はがっかりだった。

浅野祥雲氏との出会い

坂野組の立ち上げ

Y組の親方に啖呵《たんか》を切ってとび出したものの、俺は仕事の当てもなくて困った。しかも、俺の反抗を怒った親方は、自分の息のかかったところへ俺のあれこれを吹聴《ふいちょう》してまわり、

「あいつは絶対に出入りさせるな」

と釘を刺していったとかの、噂《うわさ》も聞こえてきた。もちろん俺だって意地はある。親方の息のかかったところへ、のこのこと顔を出したりはしない。

すがれるところは、女房の親父さんしかいない。Y組でのいきさつを打ち明けて相談すると、近くの朝日製材という材木屋を紹介され、しばらくそこで頭を冷やしていろと言われた。

俺一人が食べてゆけるていどの銭《ぜに》にしかならなかったが、女房も子もある一家のあるじが、無職でいるよりましだと思い、材木を切ったり運んだりしていると、ときどき工場へやってくる彫刻師の浅野祥雲《しょううん》という、坊さんのような名前の人物と、口をきくようになった。

祥雲さんはコンクリートで人形を造っている、ということだった。年は七十近くに見えた。

「銅像のようなものですか」

「ちがうな。銅像とは名のとおり銅で作る。それに、社会に貢献したとか、名を成したとか、有名な人物を顕彰《けんしょう》するためのものが多い。私の仕事は、あまりそういうのはない。侍《さむらい》なら無名の侍。坊さんも尼《あま》さんも、たいていは無名。昔話の人形や動物も作る」

「へーえ、面白そうですね」

「まあ、面白いといえば面白い」

「遊びに行ってもいいですか」

「遊びは困る。私は忙しい。じゃが、仕事を手伝ってくれるというのなら歓迎する。ご覧のとおりわたしはもう年だ。大仕事となると息が切れる。あんたのような若い人が、手伝いに来てくれたら助かる」

そんな話から、俺は祥雲さんの仕事を手伝うことになった。このときから、Y組で一緒だった安井君や飯田君が俺のところへ来てくれた。

朝日製材の仕事の合い間を縫《ぬ》って、せっせと祥雲さんのもとへ通った。祥雲さんの自宅に隣接して、二十五坪ほどの工房があり、そこに鉄筋やセメントや木材や、人形の絵図などが積み上げられていた。人形師の仕事場というより、工務店の作業場の印象だった。

ひとくちに人形作りといっても、祥雲さんのは、一メートル足らずの物から、二メートルを超す大掛かりな物まである。使う鉄筋やセメントの量もはんぱじゃない。俺に手伝えと言うはずだ。

だが、仕事は面白かった。人形はまず下から作ってゆく。下とは足だ。直径九ミリほどの鉄筋で足の形の芯《しん》を作る。それを針金でぐるぐる巻いて固定する。次にトタン板で囲い、コンクリートを流し込む。

浅野祥雲氏の自宅にある彫刻。左はスサノオ命、右は龍神

(は)に置かれている七福神。右からえびす様、猿田彦、大黒様。

桃太郎神社（犬山市）にて。友人たちと

そうして翌日、トタン板をはずし、コンクリートが生乾《なまがわ》きのうちに厚手の鎌《かま》のような道具で、コンクリートを削《けず》りながら形を整えてゆく。もちろん、これは祥雲さんの専任だ。祥雲さんは仕事に関しては頑固《がんこ》で、もの言いはぶっきら棒で愛想なしだったが、信心深くて世間的な欲がなく、清々《すがすが》しい人だった。俺はたちまち惚《ほ》れて「先生」と呼ぶようになった。

夕方になると、先生の奥さんが酒と手作りの肴《さかな》を持ってきて下さった。この方も飾り気のない優しい人で、俺はなんだか別世界の美しい人たちに出会ったような気がした。先生の家の隣は、先生の長女に当たる人がカツミ美容室を開いて、十人ほどの女性を使っておられた。

人形の足が出来ると次は胴体だ。胴体といっても鎧《よろい》をつけた武将のもあれば、衣《ころも》を着た坊さんもあるから生半可《なまはんか》な技ではない。しかし先生はためらいもなく刃を振るう。ザーッ、ザーッと音を立てて、コンクリートの破片が散り、下から武将の胴体が、合掌《がっしょう》した坊さんの胴体が現われてくる。

胴体の次は腕、その次は頭部、と四段階くらいに渡って形が出来上がる。削ったりくっつけたりして仕上げ、最後はペンキで色を塗る。像の形によっては台座が要《い》る。台座づくりは俺の仕事。そうしていよいよ搬入《はんにゅう》だ。

工房にはチェーンブロックが備わっていて、それで像を吊り上げてトラックに乗せた。

仕事は切れ目なくあった。愛知県日進市の五色園《ごしきえん》、犬山の桃太郎神社、関ヶ原ウォーランド、御嶽《おんたけ》山山頂に安置する仏像など。それも一体や二体ではない。五色園へは坊さんと尼さんを約十五体。桃太郎神社へは古代の神像猿田彦をはじめ、桃から生まれた桃太郎、育ての親の爺さん婆さん、成人した桃太郎に猿、犬、雉《キジ》、赤鬼、青鬼、桃太郎にやっつけられてでんぐり返った大鬼も作った。ウォーランドへは武将十体。御嶽山へ上げた仏像は数体あった。

おかげで、先生から頂戴《ちょうだい》する手間賃と、朝日製材から入る仕事料とで、俺は自分の会社を持つことが出来た。合資会社坂野組の誕生だ。嬉しいことに、Y組で一緒に働いていた仲間も、

坂野組設立の頃。
左は坂野家の家紋（上）と家紋入りネクタイ（下）

「兄イがいなくなって、仕事がやりにくくなった。兄イの下でまた使ってくれ」

と、二人三人と集まってくれた。ありがたかった。

Y組を辞め、祥雲先生にめぐり逢ったおかげで、その後さらに一世一代の快挙というか、面白い大仕事をやらせてもらうのだから、人間どこに運が転がっているかわからない。

昭和三十二年、俺は坂野家の家紋を入れたネクタイをつくった。仕事も人生も心機一転の時機という思いがあったからだ。親友の神竹建設社長・神竹晋さんの父親が、家紋入れの仕事をしていたから、黒白セットで計十四本を注文して作ってもらった。その家紋入りネクタイは、兄弟全員に贈呈した。

Y組みを辞めて三年ぐらいしたある日、親方が訪ねてきた。金を貸してほしいと頼みに来たのだ。親方にも、やっと俺の仕事ぶりがわかったようだった。「五百万、頼む」と言われ、俺は黙《だま》って貸した。それから三年後に、Y組は倒産してしまった。

五色園のこと

先生は、これまでいろんな彫像《ちょうぞう》を作ってきたなかで、最も心に残り、嬉しくもあったのは、五色園に納めた親鸞上人《しんらんしょうにん》の像だと言われた。

五色園は大安寺という寺が管理している、宗教テーマパークのような場所で、昭和九年創設された。敷地は二万坪もある。

五色園には、親鸞の生涯をモチーフにした彫像が数多く設置されている

先生に聞いたところによれば、この宗教公園をひらいた当時の住職は、せっかくのこの広大な庭園を、ただ景観をめでるだけのものではなく、浄土真宗にふさわしいものにしたい。たとえば、真宗の開祖親鸞上人の生涯をテーマにして、園内そここに親鸞の像を刻んで飾りたい、と考えたそうだ。そこで檀家《だんか》に相談すると、浅野祥雲という民芸作家の名が出てきたそうだ。

先生は当時、書画や陶製の面や人形を作っておられた。早速会ってみると、仏教に造詣《ぞうけい》が深く、親鸞上人を崇敬《すうけい》する念も厚いことがわかり、お上人《しょうにん》の彫像の製作を依頼することになった。これが住職と先生のつきあいのはじまりだったという。

以来、祥雲先生は何度も五色園を訪れて、庭園をめぐりながら想を練り、お上人が叡山《えいざん》を去って法然上人の門下に入り、さまざまな苦難をへて、九十歳で亡くなるまでの折節《おりふし》の姿を彫ることにした。

それからかれこれ十年、百体を超す親鸞やその弟子たちの像を、先生は作りつづけてきたと言われた。俺はその後半というか、終わり近くに先生と出会い、仕事を手伝わせてもらったわけだ。これを仏縁《ぶつえん》というのだろうか。ありがたいことだ。

熱海城の金鯱

熱海《あたみ》という有名な温泉街の小高い丘の上にそびえ立つ、その名も熱海城に金鯱《きんしゃち》を飾りたい、という話が祥雲先生のもとへ舞い込んだのは、昭和三十三年のことだった。五色園の仕事も、桃太郎神社、関ヶ原ウォーランド、どこの仕事もほぼ完成に近づいたころだった。

金鯱は名古屋城のに負けない、でかいのをという注文だった。

「尾張名古屋は城で持つ」という唄《うた》がある。城で持つとは、城に輝く金の鯱で持つ、という意味で、それくらいこの金鯱城は江戸の昔から有名だった。

はるばる東国からやってきた、お伊勢参りの旅人も、西国から船旅をしてきた商人も、尾張藩の玄関口、宮の宿《しゅく》に足を停め、熱田の森の北方に威容《いよう》を見せる白亜《はくあ》の天守閣《てんしゅかく》と、そのてっぺんに輝く金の鯱を望んで、

「あれが名高い金鯱城か」

「あの鯱は純金だってねえ」

「あの鯱一つで、もう一つ城が建つという噂《うわさ》ですぜ」

「ほんまでっか」

「嘘《うそ》かまことか、どっちにせよ、豪勢なことだ」

などと噂しあったという。

その金鯱に負けない金鯱を、熱海の城にかかげようというのだ。

「凄《すご》いじゃないですか、先生」

俺は興奮した。こんな話はおそらく二度とないだろう。先生の名を挙げるチャンスだ。

だが祥雲先生は迷っていた。

「作るのは、別にむつかしくはない」

「では、何をためらっているのですか」

「運搬だ。依頼があって、とりあえず熱海へ城を見に行った。熱海は坂の街だ。しかも道幅が狭い。まして城のある丘の道は、曲がりくねった急斜面だ。鯱の巨大なコンクリートのかたまりを、無事に運びあげられるかどうか不安だ」

「けど先生、城の工事は出来たんでしょ」

「うん、九割がた出来ておった」

「それなら大丈夫だ。俺にまかせて下さい」

「自信があるのか」

「道があれば通ってみせます」

「そうか、やってくれるか」

先生はまだ少し不安そうだったが、とにかく請けることに決まった。鯱の他に、城の足元に飾りつける仏像や、七福神の乗った宝船など二十体の注文だった。

早速、絵図の製作が始まる。幅一メートルほどの巻紙に、先生はためらいもなく筆を走らせる。雄《オス》の鯱、雌《メス》の鯱、一対の絵が出来あがる。俺にはどっちが雄か雌かわからない。

「よく見給え。大きさが少しちがうだろう。目の表情も、雌は微妙に優しい。これが実物となると倍にはなるから、ちがいがはっきりする」

俺はぎょっとした。先生が描いたのは高さ一メートル余りだから、その倍となると三メートル近い。重量もはんぱじゃなかろう。そんなのをトラックに積んで坂道を登るのか。先生がためらったはずだ。しかも俺は熱海なんか行ったことがない。道も知らない。かといって、いまさら逃げるわけにはいかない。やるしかない。俺は覚悟した。


不安を胸の底に押し込んで、組の職人たちに鯱の話をした。坂野組初の大仕事だ。

「組の名が業界に知れ渡るぞ」

職人たちと乾杯した。


昭和三十四年一月、いよいよ製作に入った。

鉄筋で芯を作り、型枠を嵌《は》め、コンクリートを流し込んで下形を作り、翌日、生乾きの鯱の下部を先生が荒削りする。同様に上部へ上部へと進んでゆく。

一方で、五色園その他の彫像も完成させ、搬入、設置もする。同時進行だ。

一対の鯱の原形が出来上がったのは夏だった。蝉《セミ》の声をかきわけるようにして板金屋のトラックがやって来た。鯱に銅板を張るのだ。これがまた大仕事であると同時に、神経を

熱海城の金鯱製作。彫刻師・浅野祥雲先生。昭和 34 年 10 月。

使う仕事だった。なにしろ鱗《うろこ》の一枚一枚、鰭《ひれ》の筋一本一本、鰓《えら》、目玉、すべてきっちり刻まなくてはならないのだ。俺も若い衆も汗を拭《ふ》き拭き手伝った。

銅板張りが終わると、次は金箔《きんぱく》貼りだ。これこそ繊細《せんさい》な仕事なので、扇風機はおろか団扇もうっかり使えない。一枚一枚貼りあがってゆく様子を、俺たちは息をこらして見守った。

完成したのは九月なかば。燦然《さんぜん》と輝く雄雌一対の鯱を仰《あお》いで、俺たちは肩を抱き合い、小躍《こおど》りして喜びを分かちあった。雄の丈は二メートル九十六センチ、雌は二メートル九十センチ。重量一屯《トン》五百キロ。まさに偉容というものだ。

「坂野君たちのおかげだ」

と、先生から感謝の言葉を頂戴した。

「君たちの助けがなかったら、この仕事は出来なかった」

とも言われた。

あとは運搬のための保護の木枠を造り、トラックの手配をし、大安吉日を選んで出発だ。

伊勢湾台風襲来

名古屋城の鯱が水を呼んだ

熱海城の金鯱が出来上がったその月、九月二十五日に、保護枠が出来上がった。ところがその前日から、台風の接近が伝えられていた。なんとか逸《そ》れていってくれと願っていたが、二十五日、二十六日になると、風が次第に強くなり、夜になって戸がきしみだした。さらに水も入ってきた。俺の家は、道路より一メートルほど高く盛り土して建ててあるのに、このありさまだ。外へ出てみると、太平通りの側道を埋めた水が、北へ北へと流れてゆくではないか。南から水がさかのぼっているのだ。これは大変だ。

俺はすぐさま従業員の中川君を呼び、家内と三人で、畳をテーブルや炬燵《こたつ》台の上へ積みあげた。こまかい道具類は二階へあげた。

まんじりともせず夜を明かし、朝になって外へ出てみて驚いた。家の前の道路は完全に水没している。わが家にも床下まで水が来ている。在所は大丈夫だろうか。実家の兄夫婦や三人の子供たち、おふくろの顔が脳裡《のうり》にちらつく。祥雲先生の工房で搬出を待っている金鯱も心配だ。

まずいことに、堤防が切れたという情報が入ってきた。藤高で一カ所、藤前では二カ所切れたという。実家が危ない。じっとしていられず、あり合わせのパンと水をリュックに詰め、自動二輪車を引き出して、藤高の実家へ向かった。

太平通りから、国道一号線の昭和橋通りを西へ走り、一色大橋を渡り、堤防道路を南へ走り、小賀須、茶屋の堤防を走る。新川寄りの民家の屋根に船が乗っかっている。右（西）を見れば、水面から出ているのは屋根ばかりだ。いろんな物が流れていた。

さらに堤防を七島、藤高へと走り、堤防の斜面に自動二輪車をとめた。そこからは小舟を借りて、三百メートルほどを漕いで、ようやく実家に着く。不安が的中して、実家も一階はすっぽり水に浸《つ》かって柱だけが立っている。二階の窓に家族皆の顔があった。そこから家の内へ入れてもらう。

　母は俺の顔を見るなり、泪ぼろぼろだ。

「よう来てくれた、よう来てくれた」

「怪我はないか」

「怪我はないけど、一階の物はみんな海水に持っていかれた」

「壁も抜けて、柱だけになっとる」

「死人が何人も流れてゆくのを見た」

　興奮した口調で口々に言う。

　それでも家族全員が無事なのが、せめてもの幸いだった。俺は持って来たパンと水を出し、全員は乗せられないので、母だけを小舟に乗せ、また来るからと残る者を励まして、とにかく自宅へもどった。

　母は俺の家が床下浸水で済んでいるのを見て、喜んでくれた。が、家にもどればもどったで、やらねばならんことがあれもこれもあった。家の前の道路は、腰まである水の下なので、横へ出入り出来るミチをつけたい。一階が水没している隣家の人も助けてやりたい。

その前に、祥雲先生のところへ行って、先生と金鯱の安否を確かめたい。

俺はまた自動二輪車にまたがって、日比野の先生の家へ走った。

先生のところも、玄関口まで水が来ていたが浸水はなく、先生、ご家族、金鯱も無事だった。無事がわかれば長居は出来ない。金鯱運び出しの日程に変更のないのを確かめて、俺はまた自宅へ反転した。

家では家内が待っていた。お義母《かあ》さん、つまり俺のおふくろの下着を買いに行きたいと言う。

俺は一階の資材置場に立て掛けてある丸太を組み、二階の窓から太平通りへ渡して、家の者が出入り出来るようにした。八十センチほど離れた隣家へは板を渡して、わが家を中継にして外出出来るようにしてやった。

日が経《た》つにつれ、この台風15号がもたらした被害の大きさが伝わってきた。

この台風は、風のほか豪雨も連れてきて、ことに海岸地方には高潮《たかしお》による被害が大きくて、愛知、三重の両県だけで何百人もの死人が出た。負傷者は数知れない。そんな噂が流れてきた。この水は、同じ年に再建された名古屋城の金鯱が呼んだのだ、という噂もあった。

俺はひやりとした。実は、熱海城の金鯱を、出発当日に名古屋市内をパレードして、それから熱海へ向かう計画だったのだ。これではパレードなんか出来ない。そんなことをすれば、お前が台風を呼んだのか、と袋叩きにあいそうだ。名古屋市内のパレードは中止だ。それにしても一週間、十日経っても水が引かないのはどうしたわけだ。人々は皆、腰まで水に浸かって往き来している。水は濁り、腐臭《ふしゅう》がしてくる。

毎日、友人知人の見舞いに出るほかは、何も出来ないまま、九月が終わり、十月も五日、六日と過ぎてゆく。

このころになって、この台風15号がもたらした被害の甚大《じんだい》さが、ほぼ正確に伝わってきた。被害は愛知、三重、岐阜の三県に及んで、死者、行方不明者四千人余。負傷者は三万八千人余。家屋の全壊や流出あわせて四万戸以上。明治以来最大の台風被害となった。悲惨をきわめたのは、南部の貯木場に繋留《けいりゅう》してあった丸木が、高潮と風にあおられて、名古屋市内南部一帯に襲いかかり、家屋を壊《こわ》し、水の中を逃げまどう人々を沈めたことだ。

その後この台風は伊勢湾台風と呼ばれることになった。

熱海城へエンヤコーラ

名古屋市内南部が、まだ水浸けになったままというなかで、いよいよ熱海城へ金鯱の出発となった。

十月十日。丸登運送に頼んであった、4トントラック五台が到着する。従業員の安井君、飯田君、中川君、木村君の顔ぶれも揃う。保護枠に納まった金鯱を、一体ずつトラックに乗せる。三台目には二十体の人形や宝船。四台・五台目にはチェーンブロックや台付ワイヤー、バール、ロープ。天守閣のてっぺんへ、金鯱を運び上げるのに必要な道具を、思いつくかぎり積み込んだ。

さらにトラックに紅白の幕を張り、先を行く鯱のトラック二台に、祥雲先生が大書《たいしょ》した《熱海城御用達》の立札を飾り付ける。

そうしてその夜は、トラックの運転席で、見張り役の者と交代で眠る。

十月十一日、朝七時。景気付けに一発ずつクラクションを鳴らして、いざ出発だ。

俺は血が騒いで、息が詰まりそうなくらいだった。名古屋市内のパレードはなしにして市内をぬけ、静岡へ。

静岡へ入ると、城側の宣伝が行き届いていたらしく、沿道に見物人が押し寄せていた。《熱海城御用達》の立札を読んで、拍手する人がいる。掛け声もとぶ。

静岡市内を一巡して、いよいよ熱海へ。

昼近く、自殺者の多さで有名になったという錦ガ浦を通過して間もなく、トンネル（現在も国道135号の下にある）に出くわした。天井が低い。

「ストップ、ストップ！」

俺はトラックを跳び降りて、トンネルの入口へ走った。トンネルの高さと、トラックに積んだ金鯱の高さを見くらべてみる。明らかに金鯱のほうが高い。俺は本当に青くなった。

事前に道を確かめておかなかったのを悔やんだ。

「降ろしますか」

と従業員が訊いた。

「ばか言え、こんなところで、そんなことがやっとれるか」

実際そんな暇も場所もなかった。トラックの列の後ろにも前にも、この道を通ろうとやってきた乗用車や小型トラックが、早くも列をつくりはじめていた。

窮《きゅう》すれば通ず。突然俺の頭にひらめいた。そうだ、タイヤの空気だ、空気を抜けばいい。かといって全部抜いたのでは、トラックが動けなくなる。

俺は先頭のトラックの荷台に乗り、トラックをゆっくりゆっくり、トンネルの入口へ誘導した。

「ストップ！」

トンネルの入口十センチほど手前で前進をとめ、金鯱の保護枠との差を目測してみる。四〜五センチの差だ。

「よーし、タイヤの空気を抜け。五センチ分だけ抜け」

丸登の運転手と、坂野組の従業員とで、タイヤの空気抜きがはじまる。俺は通行を待っている車列へ、詫びてまわった。

さて、タイヤの空気抜きが終わった。

前進だ。ゆっくり、ゆっくり、微前進だ。木枠がトンネルの入口の下にくる。ＯＫだ。通れる。

「よーし、静かに、ゆっくり、宜《よオ》う候《そろう》、宜う候……」

トンネルを抜けた。思わず万歳がでた。だがこのあと、またどんな難関が待ちうけているかわからない。

「皆、気を引き締めて行こう」

トンネルを抜けて百メートルほど行き、右へ曲がると、いよいよ城への急坂道だ。急坂だけではない。曲がりくねったでこぼこ道だ。あるところでは岩がむき出し、岩のないところは水が出て、ぐしゃぐしゃだ。城を築くために急拵《きゅうごしら》えでつけた道だ。タイヤの跡も道をえぐっている。鯱を積んだトラックがぐらりぐらりと揺れる。

危ない。俺は鯱の枠の上に乗り、丸太で木枠を支えた。同様に、もう一台の枠に乗った従業員の安井君の顔が、緊張でひき

観魚洞
金鯱が高くてくぐれなかったトンネル。

っている。多分、俺の顔も同じだったろう。

三〇度くらいの急勾配《きゅうこうばい》を、傾いたり揺れたりしながら、二台とも無事に登りきったときは、どっと力が抜けた。

元請けの所長が出てきて、よく登れたな、とねぎらってくれた。

鯱をトラックから降ろしはじめると、下からぞろぞろ見物人が登ってきた。日が暮れても帰らない人もいる。鯱も、城の下に飾りつける宝船や仏像なども降ろして、気になった。鯱は金箔貼りだけど、純金とうたってある。夜中にこっそり削られたりしたら、ここまで来た苦労が水の泡になる。俺たちが寝ている間、金鯱を見張ってくれる夜警《やけい》を付けてもらった。

翌朝、金鯱の運搬と据え付けまでの見積書を、元請けの所長に提出する。金八万円。所長は目を丸くする。

「これだけ?」

「はあ、そうですが」

「鯱をあげる代金も、このなかに入っているの?」

「はあ。ま、赤字の出ないぎりぎりの額ですがね」

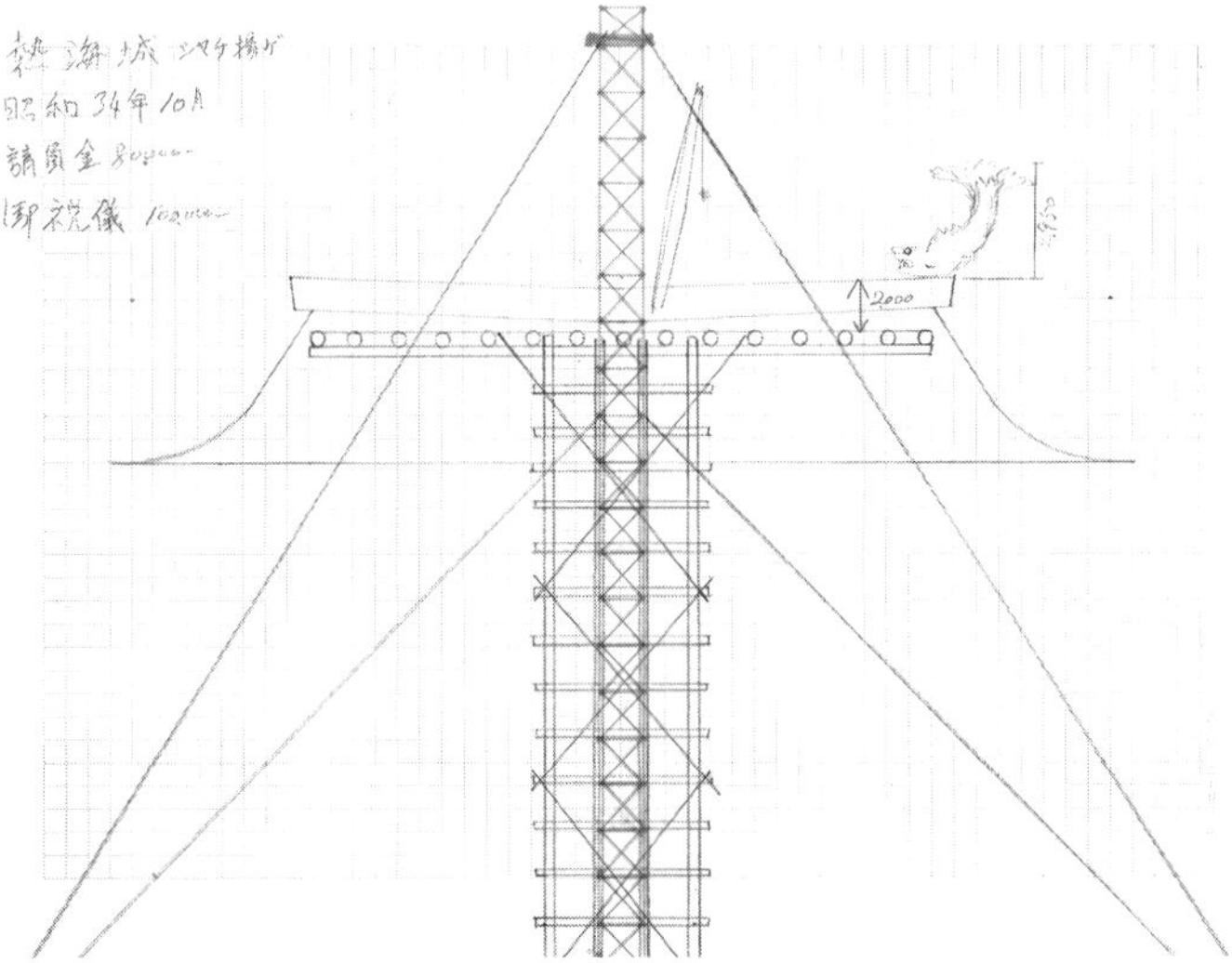

（上）熱海城鯱揚げ作業図面（坂野画）

「驚いたね。東京の鳶の業者は百二十万円という金額だったよ」

東京の業者はおそらく、道程《みちのり》の下見をして、その大変さを加算したのだろう。しかし俺は、製作段階から祥雲先生を手伝って、いろいろ楽しい興奮を味あわせてもらった。その喜びを、運搬の苦労から差し引いて八万円だ。

俺がそれを言うと、所長は感心して、

「いま組んである足台も、あなた方が安全と思うまで、充分に補強して使って下さい」

と言う。

俺はしかし、足台を下から全部補強していたら、それだけで、八万円が消えて

現在の熱海城

しまうので、上三段だけ補強して、鯱の据え付けに取り掛かった。

　最初は雄鯱。俺が足台を登り、指揮をとる。下で雄鯱を吊り上げる準備が出来るのを待って、ウインチ巻けの合図を送る。ゆっくりと鯱があがってくる。八十メートルくらいのところでコロに乗せ、少し押してコロが回る。足場の丸太が番線でよじって締め付けてある。コロが回転すると、またギチギチと鳴る。そこで木枠を解く。二又をセットする。台座を切り離し、鯱を吊り上げる。ロープ、トラを張れ、二又の足を縛《しば》る。よし、チェーンブロック巻け。もうちょい、もうちょい。待て、風が来た。よし、少し下ろせ。よし、据え付けろ。

熱海城金鯱揚げ 50 周年記念の集まりにて

雌鯱も同様にして据え付ける。

すべて完了して所長に報告すると、よく無事に、手際よくやってくれたと、御祝儀を十万円もらった。これで手足となって動いてくれた従業員と一杯やれる。嬉しかった。

その後の実家

熱海城やら何やら、祥雲先生のもとでの仕事にかまけて、台風で大水をかぶった実家を気にしながらも、なかなか訪ねられないでいた。もっとも、たとえ訪ねていっても、田圃も家も海水に浸かったままでは、何をどうすることも出来なかったであろうが。

熱海城から帰ったあと、祥雲先生の工房の後片付けを手伝い、ようやく時間が出来たので、いろいろ見舞の品を買いこんで、実家を訪れた。驚いたことに、実家のあたりはまだ水をかぶっていた。田畑は腰まである水の下であったし、家の中も同様だった。

しかも、さらに驚くことが待っていた。一家の大黒柱の伊三郎兄が、まるで虚脱状態に陥っていたのだ。話しかけても「う」とか「ああ」とか言うだけで、まるで会話にならない。目も虚《うつ》ろだった。病気ではないのかと兄嫁に訊くと、

「台風に田圃も家も持っていかれて、すっかりふさぎ込んで、毎日何もしないでぼんやり

している」

とのことだった。

無理もない。海水に浸かった田圃は、たとえ水が引いても、元へもどるには長い日数がかかる。家は階下を全面的に作り直さなくてはならない。暮らしの手段も家も失《な》くしたのでは、誰だって落ち込むだろう、とそう言って兄嫁を慰《なぐさ》める。

「房夫さん、お願いです」

兄嫁が突然両手をついて、深々と頭を下げた。

「どうか、うちらを助けて下さい。うちの人はあんな状態ですし、収入の道も絶えてしまい、子供三人を抱えて、この先どうして食べてゆけばいいのかわかりません」

俺たち兄弟は何かにつけ助け合ってきた。父が死に、跡継ぎを誰にするかとなったときも、皆の総意で、少しばかりの田圃を三男の伊三郎兄が継ぐこと

港区南陽町の伊勢湾台風浸水被害

兄・伊三郎と、妻の未子（昭和 50 年頃）

になったのだ。その人の嫁さんに頭を下げられて、それを断ったのでは兄弟仁義にもとるだろう。俺は言った。

「わかりました嫂《あね》さん。まかせて下さい。とりあえず、水が引いたらすぐ一階の建て直しをしましょう。そのあいだの生活費も出しましょう」

台風のあと三カ月も過ぎると、さすがに水も引いた。少し乾くのを待って、一階の改築にかかった。床下に溜《たま》った泥を取り除き、土台を新しくし、柱を補強して壁を張り、床板を張り、畳を入れ、台所を作り、風呂場を作り、八カ月ほどかけて、ピカピカの一階が完成した。その間、兄を名目だけ坂野組の社員にして、一家五人が食べてゆける給料を出した。

母は、ありがたい、ありがたいと自宅へもどり、伊三郎兄も、家が新しくなったのに気力を取りもどしたようで、少しずつ田畑の手入れをしはじめた。だが兄嫁は、俺がここまで面倒をみたことを、兄には知らせないでくれと言った。

「うちの人は、房夫さんも知ってのとおり、神経が細かいでね。ようやく少しずつ動けるようになったところで、生活費も家の改装も房夫さんに面倒をみてもらったと知ったら、

兄・昇（中央）、姉・とめ子（左）と

伊三郎の長男常雄と妻のみな子

また気に病んで、元にもどってしまうかもしれない。全部わたしが工面《くめん》したということにしてもらえんだろうか」

俺は別に、礼やお返しが欲しくてやったわけではない。家の修復も生活も、全部兄嫁の才覚で成しとげたと信じることで、兄の症状が改善されるのなら、それでよかった。

離婚・そして再婚

仕事は順調。自分から捜しにゆかなくても、向うから次々と依頼がくる。女房の商売もうまくいっている。子供たちはすくすくと育っている。まさに順風満帆《じゅんぷうまんぱん》で、俺は毎日が楽しかった。

しかし好事魔《こうじま》多しだ。俺の長男・充資《みつより》が八歳、二男。照彦《てるひこ》が七歳のとき、離婚話が出た。理由はわからない。たとえば俺が外に女を囲ったとか、女房に愛人が出来たとか、そんな明確な理由は何もなかった。ただ二人のあいだが、いつからともなく、おかしくなっていたのは確かだ。

俺は毎日仕事で、現場をとびまわっている。家に帰ると、女房はとんちゃん屋の商いで、既に一階の店に出ている。店が終わって二階へあがると、俺はとうに白河夜船《しらかわよふね》だ。そうして朝は早くから従業員を連れて仕事に出て行く。女房はまだ寝ている。一つ家に暮らしていながら、すれ違いばかりで、たまの休みに顔を合わせても、ろくすっぽ会話もない。次第に隙間風《すきまかぜ》が吹くようになっていた。

長男・充資夫婦と子どもたち

それでも子供がいるから、お互い我慢《がまん》していたが、壊れるものは、いつか壊れる。どちらからともなく別れ話になった。二人の子供は女房が育てると言う。子供は女親のもとで育つほうがいいだろうと俺は納得《なっとく》した。まして二人とも男の子だ。

慰謝料というのではなく、子供たちの養育費のつもりで、家、土地、貯金など一切合財《いっさいがっさい》を女房に

坂野組の慰安旅行

やって、俺は着替えを入れた風呂敷だけ持って家を出た。

　そうして2DKのアパートを借り、半年ほど暮らしたが、従業員を連れているので、二部屋では狭すぎる。自分の家が必要だ。そこで考えた。どうせ住むのなら自分だけの住処《すみか》でなしに、仕事がもし無くなっても食べてゆかれるように、アパートを建てようではないか。そうだ、それがいい。

　とは言え、俺は文無しだ。銀行へ金を借りに行った。銀行とは、ややこしいところだ。ここ三年間の仕事の実績、収入、支出、いろんな書類を揃えてOKが出た。ちょうど、女房子供らと住んでいた所と同じ町内で、土地改良組合が所有している土地が買えるという話が出た。運がいい。早速買って、自分でアパートの図面を引き、大工さんに渡した。

　大工さんは伊藤さんといって、いつもあちこちの現場で一緒になる気のいい人で、仲良く仕事をしてきた。事情を話して、アパート建築のお願いをした。材木は民家の解体材を利用することも承知してもらった。足りない木材は朝日製材から取り寄せることにした。三十五坪の土地に三十坪二階建だ。俺のアパートだから、坂野組の社員もよく働いてくれた。

俺が身一つで家を出たことで、天が助けてくれたのか、その後の雑事が片付くと、前後して、静岡の焼津《やいず》に工場を建てる仕事が入った。すぐ焼津へとんで、注文主に、従業員と一緒に寝泊り出来る所を捜してもらった。食事は現場近くの食堂を見つけ、そこへ通うことにする。

その食堂に、息子さんの妹に当たる女性が働いていた。結婚歴があったが、夫と別れ、子連れで働いていると聞いた。俺は別れた女房のことを思い、「大変だね」と声をかけ、慰めのつもりでデートに誘った。

彼女も寂しかったのか、すんなりと受けてくれた。

「けど俺、この辺のことはよく知らない。どこがいいかな」

「そうね、大崩《おおくずれ》海岸はどうかしら」

「いい所か」

「駿河湾《するが》が一望に出来て、素晴しい所よ」

「よし、そこへ行こう」

俺の車に彼女を乗せて、出発だ。

みちみち俺が女房と別れたいきさつを話すと、彼女は、

「坂野さんはいさぎ良いのね。いまどきそんな人は、なかなかいないわ」

そう言うと、

「わたし、名古屋へ行ってもいい？」

と訊《き》く。

名古屋へ遊びに出たときに、ついでに遊びに寄るということかと俺は思い、いいさと気軽にこたえた。


焼津の仕事は一カ月ほどで終わった。名古屋へもどると、注文しておいたアパートが、完成に近づいていた。ところが風呂がない。設計段階での俺のミスだった。仕方がない、俺が作ろう。ブロックを積み、屋根も作り、風呂釜を据え付けた。

その後十日ほどでアパート完成。一階と二階それぞれ四戸のうち、俺が一戸、従業員が

一戸、残り六戸を貸しに出した。

そこへ、まるで待っていたように焼津の女がトランクを提げ、子連れでやって来た。

「旅行に行くのか、帰りか」

と訊《き》くと、

「あなたのところへ来ました」

と言う。

俺はびっくりしたが、こうなることを、どこかでわかっていたような気もした。それに俺は身の周りを世話してくれる女性が必要だった。それを天が手配してくれたのだと思うことにした。

彼女を従業員に紹介し、知人にも引き合わせ、実家へは皆に集まってもらって、連れて行った。籍を入れ、彼女の連れ子は養子にした。

皆、俺の再婚の早さに驚き、呆《あき》れ、しばらくは冷やかしの種《たね》にしてくれた。

楽し悲しの海外旅行

初めての海外旅行

仕事は相変わらず順調だった。堀田《ほりた》にあるゆたか組という会社の受注をこなしたときのことだ。組の社長さんが俺の仕事を気に入ってくれ、次の仕事もまわしてもらうことになった。

「よろしく、頼みます」

という話のあとに、

「坂野さん、あんた海外旅行をしたことがあるかね」

「いや、まだ一度も行ってません。行きたいとは思ってるんですが」

「そりゃ、ちょうどよかった。いま、台湾、ホンコン、シンガポールを三泊四日でまわるツアーの仲間を募《つの》っとる。坂野さんも一緒にどうかね」

「是非、一緒させて下さい」

と、突然海外旅行の話が決まった。

台北空港に降り立つ

下請けの代表たちのツアーだとのことで、俺にとっては初めての経験だ。嬉しくて胸がわくわくした。
当時、海外旅行には一人三十万しか持ち出せないことになっていたが、せっかくの海外旅行にケチケチしたくない。金勘定しながら遊んで何が面白かろう。黙って、二百万持って出た。
他の者は、正直に三十万以内しか

持っていないから、当然俺の金遣いが一番荒い。おかげで俺は遊びの団長に仕立てられた。
俺は得意になって、台湾のホテルに着くなり、
「ここには遊郭のようなところはないか」
と案内人に訊ねた。
遊郭ではないが、一人から十五人くらい、その種の女性をかかえている所がある、との
こたえだった。
「頼めば、ホテルへ派遣もしてくれますよ」
「そりゃ好都合だ。俺たちの人数分だけ頼むわ」
そうして、腹が減っては戦が出来ぬ、とまず台湾料理に舌鼓《したつづみ》を打ち、どんな女性がどん
なサービスをしてくれるのだろうと、怖いもの見たさ半分で話し合っていると、夕方、
バリバリッ！
バリン、バリン！
すさまじいエンジン音を響かせて、後ろに女を乗せたバイクが次々と、ホテルへやって
来た。皆、赤々と口紅を引き、こってりと化粧をし、悪びれもせず堂々としていた。俺が
知っている日本の遊郭の女にはない、生活者のにおいがした。

翌朝はまた、けたたましいエンジン音を撒き散らして、バイクが女たちを迎えに来た。

「バイ、バイ。また来てね」

舌足らずな日本語を残して、女性たちはそれぞれ、男の運転するバイクの後ろにまたがり、また堂々と帰ってゆく。

聞けば、彼女らを送り迎えするバイクの男たちは、女の兄弟や父親なのだとか。そういうものか、と俺はヘンに感心した。

シンガポールで川下り

次いでホンコンへ移り、海上レストランで魚料理を堪《たん》能《のう》し、また夕方になると、

「団長、段取りは出来ているか」

と皆が訊《き》く。

「ぬかりはない」

と俺。こんなところまで何しに来たのだろう、とふと思う。

シンガポールでは川下りを楽しんだ。もっとも下りは良いが、上《のぼ》りは客が川に入って、舟を押して上るのだ。何じゃこれは！　あっけにとられた。

夕方は、例によって例のごとし。

帰国の日、バスで空港へ向かう途中、木彫りの人形や絵などを、観光客目当てに売り歩いている子供たちの群れに出くわした。八歳から十三歳くらいの子供たちだ。

木彫りも絵も、見るからに稚拙《ちせつ》で、土産になるような品ではないが、雨のなかを裸足《はだし》でバスの窓へしがみついて、女の子などは泣きながら「買って、買って、千円、千円」と哀《あい》願《がん》する。俺は知らん顔出来ずに千円出した。

すると、すかさず他の子がやって来て、窓ガラスに絵を押しつけるようにして、「千円、千円」とねだる。俺はまた千円出す。

あとで、

「ああいう子供たちは、観光客の落とし所を知っている。裸足《はだし》もボロ服も演出だ」

とか、

「彼らが、買ってとか千円とかの日本語を知っているのは、日本人が一番甘い上客だからだ」

などという声を聞いたが、たとえそうだとしても、彼らがそういう物を売り歩かねばならない境遇にあるのは事実だろう。またあの泪《なみだ》までが嘘《うそ》ではあるまい。大人でも雨のなか裸足で物売りをさせられたら、泣けてくる。俺はその泪に銭を出した。甘ちゃんで結構。

バリ島の思い出

昭和四十九年には、バリ島へも行った。フェンス工事をしている会社の社長と一緒だ。羽田発九時五十分の飛行機に乗る。社長は初めての飛行機ということで、怖いのか、あちらこちら、きょろきょろして落ち着かない。俺は社長の気をまぎらわせようと、先に、台湾やホンコンなどへ行ったときの話を聞かせる。

やがて添乗員が、バリ島上空に達したと教えてくれる。窓の下に、緑に覆《おお》われた島がひろがり、緑のなかに点々と赤い屋根が見える。

バリ島にて

着陸して最初に案内されたのは、インドネシア風というのか、独特の形と派手な彩色をほどこした寺院で、若い舞姫たちが、魅惑的な踊りを見せてくれた。みんな素足で、頭に金色の天冠をかぶり、これまた赤・緑の原色に金色をほどこした衣装をつけて、ドンジャラ、ドンジャラとやかましいような音楽に合わせて、首を振り、手指をそり返す。その所作に意味があるらしい。わからないけれどわからないなりに、引き付けられた。

そこで二時間ほど遊んだあと、島をめぐる。土産を捜すが、ここでも土産は木彫りや絵画くらい。ただ、ここではそういうものを専門的に、組織的に作っている所があって、二十人くらいの男たちが、いろんな木彫りを作っていた。島の祭りを画いた絵なども、熟練《じゅくれん》の跡がみられる。俺は絵を買い、社長は何か小さな彫り物を買う。

そのあと、ガイドがすすめる店で食事をする。メニューはいろいろあるが、見たこと聞いたことのない物は敬遠して、唐揚げを注文すると、これが結構うまい。何の唐揚げかとガイドに訊くと、蛙《カエル》だという。俺は平気だったが、社長は目を剥《む》いた。

外へ出ると、待っていたように物売りが寄ってくる。そのなかに俺の目を引いた物があった。高さ一メートル二十センチ、幅五十センチくらいの木彫りで、大きな樹木の枝に糸を掛けて、若い美しい女性がブランコに乗っている。誰かが傍《かたわ》らにいるらしく、ブランコの女性は微笑みながら手を振っている。樹木は豊かに枝葉をひろげ、花もつけている。そんな和《なご》やかな庭のたたずまいが、一本の木に掘り込まれているのだった。俺はすっかり気に入って、言い値で買った。ただし持って帰るには大きすぎ、重すぎる。帰りの飛行機に積んでもらうことにした。この木彫りは今、長女夫婦の家にある。

他に猟銃を売っている店を見つけ、是非とも土産にと思ったが、認可証が要《い》るとのことで、これは諦《あきら》めた。

夕方になって、宿舎に案内されたが、これがジャングルのようなところで、蔦《ツタ》や木の枝をより合わせて編んだような小さな家が、地面の木杭の上に建っている。これでは蟻《アリ》も蛇も好きに入ってくるなと思ったが、社長が怖がるので黙っていた。

室内は一部屋しかない。シャワーらしきものはあるが風呂はない。社長は心細がって、

「坂さんのすぐ隣の部屋にしてほしい」

と案内人に注文するが、隣といっても何メートルか離れている。

「大丈夫だ。都会のアパートにいるより、よっぽど安全だから」

俺は可笑《おか》しいのをこらえて、社長を案内人に押しつけた。

シャワーを浴び、外で涼《すず》んでいると、社長の部屋の方で、何やらわめき声がした。と同時に、社長がすっぽんぽんの素っ裸で、パンツ片手に「助けてくれェ」と飛び出して来た。

何事かととんで行くと、

「ワニが胸の上へ落ちて来た」

と、ガタガタ震えている。

まさか鰐《ワニ》がいるわけはない。よくよく訊《き》くと、イグアナだ。ここではいろんな虫がいる。その虫を狙ってイグアナが入りこみ、天井や壁を這《は》いまわっているのだ。宿にとっては虫退治の手間がはぶけるので、イグアナを追い出したりしない。

それにしても社長のうろたえぶりは、思い出すたび可笑《おか》しかった。

マニラにて

マニラへは横畑社長と大阪の興行師二人。計四人で出かけた。現地のホテルで、案内人に実弾射撃をすすめられた。日本では体験出来ないことだ。値段を訊くと一人三万円だと言う。それくらいならと案内を頼む。車が来て、乗り込むと、いきなりチップを要求された。仕方がない。おのおの千円ずつ出した。

四十分ほど走って、ずいぶんな山奥へ連れて行かれた。車がとまると、恐ろしげな人相の男がやって来て、「マネー」と手を出す。

一人三万円のはずが、四万にはねあがっていた。話がちがうなどと言えば、何をされるかわからないので、黙《だま》って四万渡した。

ただ、実弾射撃は本物だった。小銃、自動小銃、機関銃、それぞれ十発ずつ撃って満足はしたが、帰りが不安になった。相手は実弾を装填《そうてん》した銃を持っている。こっちは金を持っている。身ぐるみ置いてゆけと銃を突きつけられたら、どうしよう。

それでも夕方四時頃、ホテル近くのレストランに無事着いた。喉《のど》がかわいていた。同行してきたガイド達が、水をごくごくと飲んでいる。俺も一口飲んで、二口目に、ふと、現地のナマ水は用心したほうが良いと思い、一口でやめた。ところが二〜三十分すると、腹がごろごろして気分が悪くなった。

便所へ行って吐いたが、今度は腹が痛みだし、下《くだ》りはじめた。病院へ行き診察をうけてもどると、もう帰国の時間がきた。

マニラで実弾射撃を体験。手前が横畑社長

連れの人達と空港へ向かう。横畑さんは現地の警察官から買った帽子をかぶっていて、そのままゲートを出ようとして、係の人から止められた。不審訊問《ふしんじんもん》をされ、持ち物も帽子も調べられた。さらに二〜三メートル離れた所へ連れて行かれて、罰金を千円取られた。ゲートを出るときは、警官の帽子は袋の中へ入れろと忠告されたそうだ。

ともかく飛行機には間に合った。だが俺の腹痛は治らない。便所へ一時間おきくらいに通った。小牧空港に着くと、そのまま検疫所《けんえきじょ》へ連れて行かれてしまった。検査のうえ、エキリの可能性があるからと足止めされ、事情を訊《き》かれ、空港の車で我家へ送られ、一週間外出禁止を申し渡された。市役所にも通報が行き、家の内も外も消毒され、毎日役人が様子を見にきた。

マニラ空港で

結果は何事もなく解放され、ほっとしたのだが、あの実弾射撃はなんだったのかと思った。こんな土産をもらってでも、体験するほどのことだっただろうか。

横畑建設の横畑社長とは、ほかにもいろいろ一緒に遊んだ思い出がある。話のついでに、肝を冷やしたエピソードを付け加えよう。

横畑社長は能登出身で、頭の切れる

横畑社長

指導力抜群の人だ。彼は単発の飛行機を所有しており、ある時、遊覧飛行をしようと誘われた。それも楽しかろうと思い、洗車機製造会社の専務も誘って、三人で小牧空港から飛んだ。操縦するのは横畑さん。俺たち二人は上空からの眺めを楽しんだ。

　横畑さんは俺の家の上空で、飛行機を二回転させた。下を見ると、俺の家族たちが手を振って応《こた》えていた。機首を伊勢湾に向け、二見ヶ浦の上空から下を眺めると、このあたりは案外見るべきものがない。だが鳥羽の方まで出ると、海に浮かぶ大小様々な形の島々が奇観をなし、世にも珍しい見事な景色であった。

　飛行機は機首を戻し、帰路に着く。と、突然、横畑さんが叫んだ。

「エンジンの故障だ！」

　俺と専務は呆気《あっけ》に取られ、瞬間冷や汗が吹き出した。機内の窓ガラスが曇《くも》り、外が見えないほどの汗だった。

エンジンが停まったまま、飛行機は海面すれすれまで急降下。俺は、覚悟するしかなかった。すると、横畑さんの「嘘だよ！」という、とぼけた声が聞こえた。途端にバリバリとエンジン音が回復、飛行機はまったくの平常飛行に戻った。

まったく肝を冷やしたが、恐怖から解放された俺たちは、汗をふきふき、笑いこけた。横畑社長は、現在も双発の飛行機を所有しておられる。あんなイタズラは、もう御免だが、その後も何度か一緒にフライトしたものだ。

ドイツで置き引きにあう

イタリアからドイツを旅行したのは、俺が虚血性《きょけつせい》心臓病という、およそ俺らしくない病気で手術して、退院後まだ半月くらいしかたっていないときだった。俺の胸にはこの手術に用いたホチキスが入っていた。

それを忘れて空港へ行き、金属探知機に早速ひっかかった。時計も指輪もネクタイピン

三菱建設の谷川氏（左）と筆者

も、金属製のものは皆はずしたのに、おかしい。小部屋へ連れて行かれてから、やっと胸のホチキスを思い出した。

係の人が病院へ電話を入れ、手術を担当してくれた岡田先生に問い合わせる。俺は急に心配になって電話を代わってもらい、これからドイツへ行くが、乗り換え地点の英国まで十二時間、乗りつづけるが大丈夫だろうか、と今さらながらの質問をして、許可をもらった。

今度の旅行には、観光のほかに大きな目的があった。ドイツで開かれている、建設機械の国際展示場で確かめたいことがあるのだった。観光よりこちらのほうが重要だ。

機内は快適だった。機内食はうまかったし、窓から見下ろすヨーロッパの海は、青々と冴《さ》えていて、俺がそれまで見てきた東南アジアのものとはちがう風情《ふぜい》があった。

夜はまた赤、青、金とネオンの帯や電球などが、宝石をちりばめたように華麗《かれい》だ。イタリアからドイツへ入り、ホテルのレストランで食事をとる。ステーキを頼んで、驚いた。厚さ七センチもあろうかという、どでかいステーキがあらわれた。五百グラムはあるだろう。見ただけで腹一杯。それでなくても病み上がりである。ナイフで削るようにして少し食べ、あとはパンと野菜でおしまい。隣席の同行者が、もったいないと言って、残りのステーキを平らげてくれた。

翌日、わくわくしながら国際展示場へ向かった。今度のツアーは三菱建設の企画だけあって、謳《うた》い文句どおりの一大見本市だった。だだっ広い会場を、コーナーごとに目を凝《こ》らしてまわった。俺がひそかに考案してある機械と同じものがあるか、ないか。見落としてはいけないから真剣だった。

隅《すみ》まで丁寧《ていねい》に見てまわって、

(よし!)

と胸の内で手を打った。これだけ広い会場に、これだけ多くの建設機械や道具が集まりながら、俺の考案した、正逆転可能な爪付へら型の機械と同じものはない。

ホテルへもどって、すぐ図面を書いた。出来た! あとは名古屋で特許申請するだけだ。

右から三菱建設社長、筆者、谷川氏、堀野建設の堀野氏

その夜は興奮してなかなか寝付けなかった。

帰国の日、ドイツの空港レストランで食事をとる。バイキング料理だったので、椅子に鞄を掛け、隣席の同行者に見張りを頼んで料理を取りに行く。もどると鞄がない。見張りを頼んでおいた同行者にわけを訊《き》くと、知らないと言う。

なんでも、隣のテーブルの外国人が、床に一ドル札が落ちていると言うので、皆そちらを見ると、一ドル札が五枚はらはらと落ちている。誰が落としたのかと言い合っている隙《すき》に、俺の鞄を持ち去った奴がいたのだ。しかもここはスリや置き引きの本場だと知らされた。

警察を呼んでもらう。警察はすぐ来たが、詳しい事情を訊くから署まで来てくれと言う。駄目だ、飛行機の時間がある。ましてや、鞄がうまく取りもどせるにしても、一週間から十日はかかるとのこと。俺は鞄を諦めた。

　鞄の中身は三万円のカメラとスリッパ、タオル、ラーメン、味噌汁の素。それと、この旅行のために買った鞄代一万五千円の損失だ。パスポートや財布、心臓の手術の結果もらうことになった身体障害者手帳など、重要なものは身につけていたから幸いだった。置き引き野郎は、鞄のふくらみを見て、金目のものが入っていると見当をつけたのだろう。

　平成二年のことで、日本人は金持ちで不用心だから、いろんな国の盗人に狙われていると、あとで聞いた。

　それでもこの旅行のおかげで、俺は竹中特許事務所を通してまた特許が取れた。ドイツ意匠登録証第M九二〇四、八九五一。すくい型ビット。

人生の達人たち

鬼頭先生のこと

人は誰でも、生きて、働き、他人と交わり、恋もし、失恋もし、楽しいこと辛いこと、いろいろ体験するなかで、世の中の大道とは言わないが、自分独自の道をゆうゆうと歩いている風流人や、知恵のかたまりというか、人生の指針ともなるべき生き方、考え方を教えてくれる先達《せんだつ》に出会うことがあるだろう。

あれは俺が自分の会社を興して、何年ほど経っていただろう。ある日、花田工務店の副社長・花田卓蔵氏と飲みに行った先で、氏の知り合いという人物に引き合わされた。それが鬼頭先生だった。花田氏と鬼頭先生との会話を、聞くともなく聞いているうちに、この人はかなり学のある人だとわかった。

翌日、その人、鬼頭先生から電話があり。

鬼頭先生（左）と花田氏（右）

「昨夜は花田さんとばかり話していて失礼。ちょっと遊びに来ませんか」

と住所を教えられた。

俺は物にでも人にでも好奇心旺盛なので、誘われるまま出向くと、

「まあ、コーヒーでも飲みに行こう」

と喫茶店へ連れて行かれた。

先生は和服姿だった。

「坂野君は、いま何をしているの」

という問いかけから始まって、俺が建設業へ踏み込むきっかけとなった、山田組とのいきさつを

話すと、

「あそこなら知っている。僕より一つ下のキヨシというのがいる。社長とも何度か会ったことがある。僕の妹の家を建ててもらったからね」

「そうですか。その家はどこですか」

「○○町だ」

「え、それ、俺がやった仕事ですよ」

思いがけない縁がわかって、にわかに親近感がわいた。

先生は大学院出の人で、俺よりひとまわり年長。軍隊で兵器の改良研究をしていて、終戦後は愛知時計の研究所で仕事をしていた。現在は建設関係の研究をやっているという。そういうことなら、今後俺の仕事のうえでも、いろいろ知恵を貸してもらえるのではないか。いい人に巡り逢えたと喜んで、俺はそれからというもの、毎日のように先生に会いに行った。

実際この先生にいろんなことを教わった。中国の孔子とかいう人や『論語』の話。経済学の原点。あるいは建造物間の境界に生じる未使用の土地の権利と処置のしかた等々。むつかしくて欠伸《あくび》が出そうになることもあったが、目から鱗《うろこ》のたとえどおり、感嘆すること

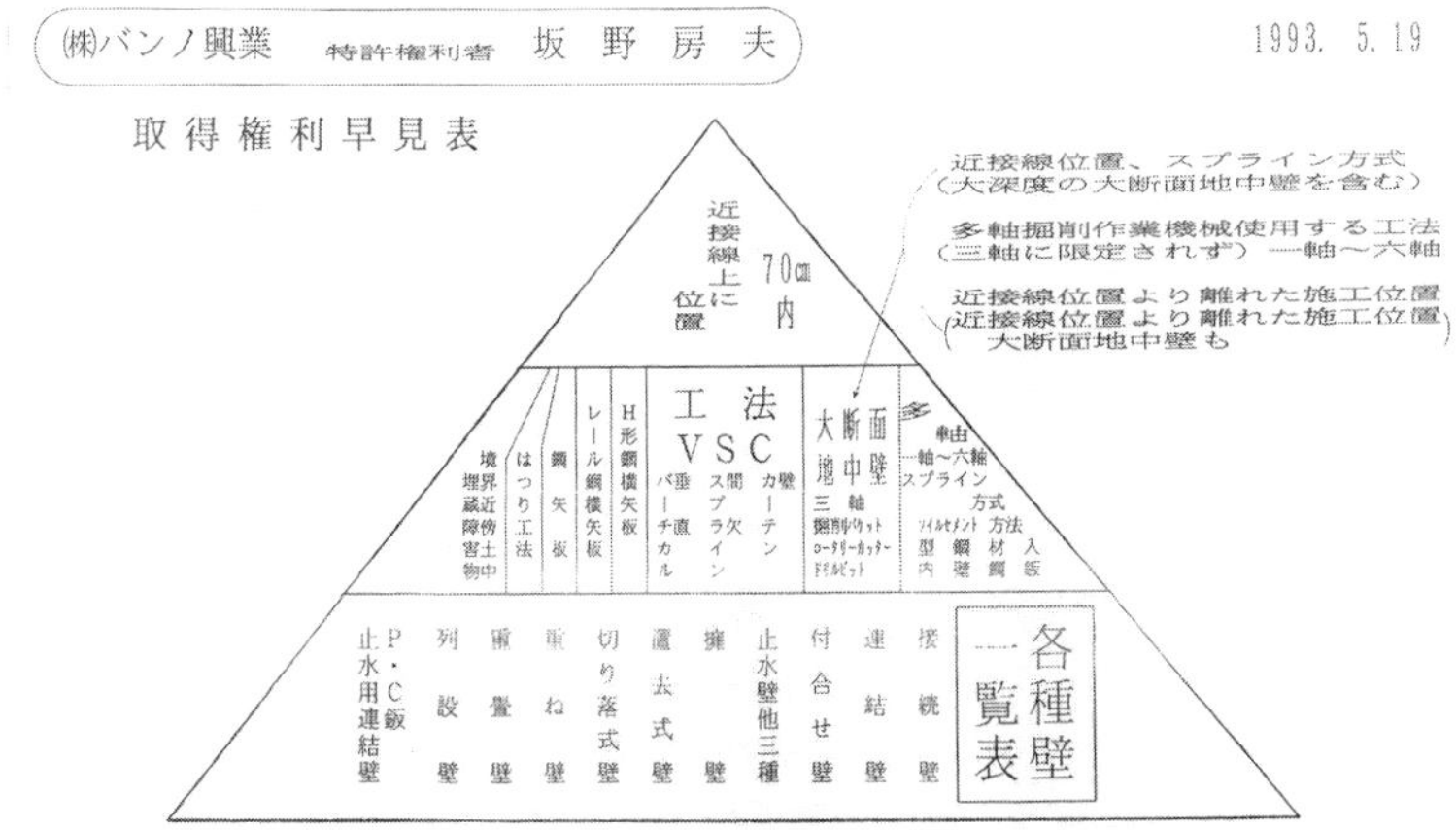
㈱バンノ興業 特許権利者 坂野房夫
1993. 5.19
取得権利早見表
近接線上に位置 70㎝内
近接線位置、スプライン方式（大深度の大断面地中壁を含む）
多軸掘削作業機械使用する工法（三軸に限定されず）一軸～六軸
近接線位置より離れた施工位置（近接線位置より離れた施工位置 大断面地中壁も）
工法 VSC
大断面地中壁
各種壁一覧表
接続壁
連結壁
付合せ壁
止水壁他三種
擁壁
還去式壁
切り落式壁
重ね壁
畳壁
列設壁
P・C鈑止水用連結壁

取得権利早見表

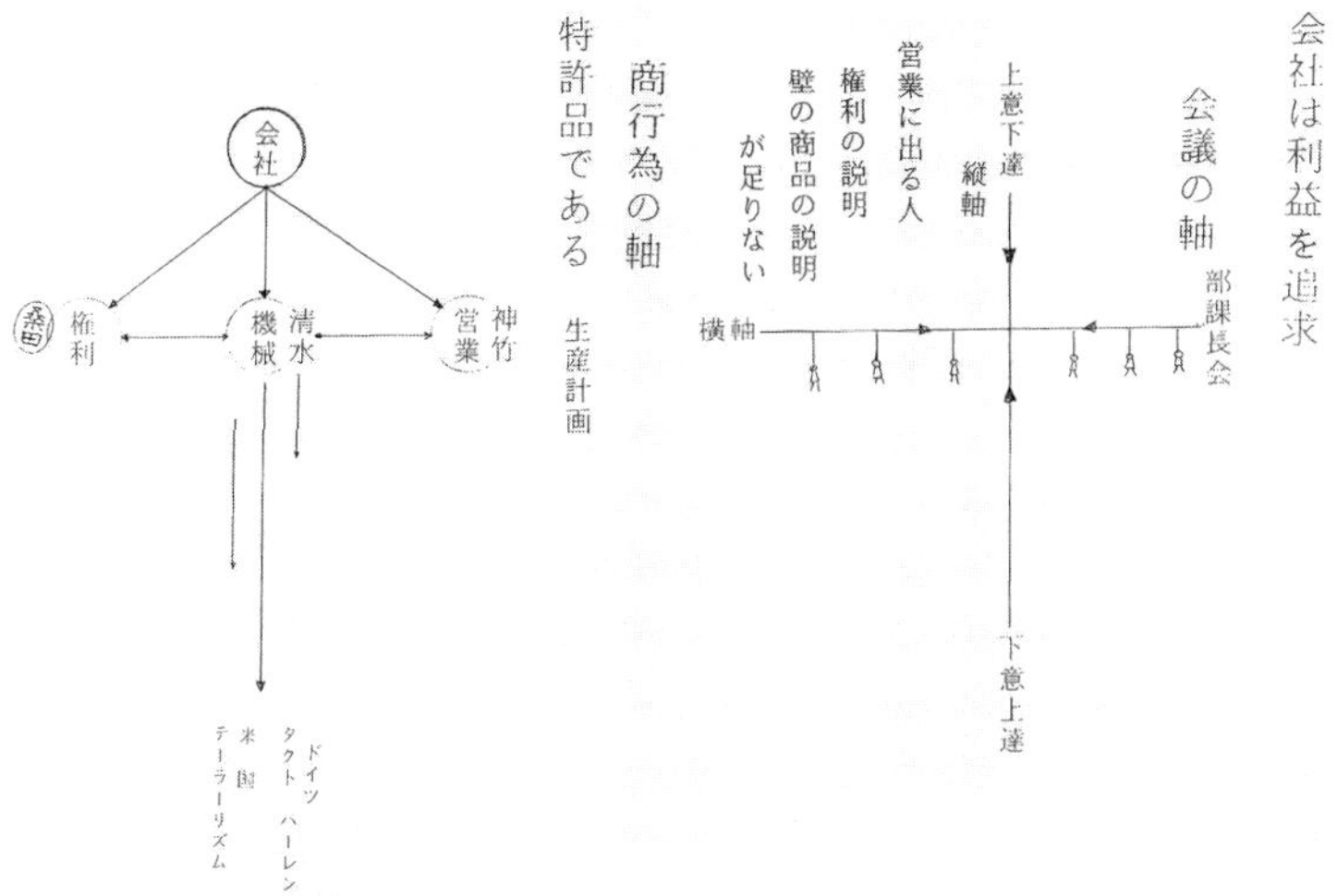
会社は利益を追求
会議の軸
部課長会
上意下達
縦軸
営業に出る人
権利の説明
壁の商品の説明
が足りない
横軸
下意上達
商行為の軸
特許品である
生産計画
会社
権利
機械 清水
神竹 営業
ドイツ タクト ハーレン
米国 テーラーリズム

組織運営、経営の考え方

が少なくなかった。

なかでも「近接線の三段論法」は、もっと早く知っていたら、大儲け出来たのにと、残念に思ったものだ。その三段論法とは、こうだ。《仮説＝此処《ここ》にこんな偉大な財産地があった。証明＝この通り未使用地として誰人も使っていない。終結＝発見して占有権を宣言する》

たとえば家を建てるとき、ほとんどの場合、隣接地すれすれには建てない。工事の震動や、万一の事故に備えるため、少し隙間を置いて建てる。するとそこに何坪かの未使用地（空間）が生まれる。もし建物が十階建なら、空地、空間は十倍になる。その分、建物は狭くなり、建主の損失になる。これが十階建のマンションだったら、どれほどの無駄になるだろう。だが俺が考案した無震動無騒音のＶＳＣ工法なら、隙間なしに隣接地すれすれに建てられて、建主の利益につながるというわけだ。

そんなことまで知っている知識人なのに、先生はちっとも偉ぶったところがなく、「坂野君、坂野君」と気さくにつきあってくれ、俺が仕事に追われてしばらく顔を出さないと、「事故でも起こしたのではないかと心配したよ」と、電話を下さった。

そんなつきあいが十五年ほどつづいただろうか。その先生も今はこの世の人ではない。

作詞家・小野都久先生

花田氏とは、月に一度くらい会って、コーヒーを飲みながら俺の特許について、いろいろな話をした。そうすると花田氏から次々と電話がかかり、やれあそこの現場が困っているから行って教えてやってくれ、今度はこっちに行ってくれと、十カ所くらいの現場に教えに行った。

花田氏はつきあいの広い人で、(へーえ、なんでそんなにつきあいがあるのだろう)と、不思議に思うことが何度もあった。そんなわけで小野先生と知り合ったのも、花田氏を介してのことだった。

ある日俺が、自分の人生を歌にしてみた。歌詞も曲も作った。ただ楽譜は作れないので、俺が歌ったのをテープにとり、知り合いを介して譜面にしてもらった。と、そんな話を花田氏に聞かせると、氏は、

作詞家・小野先生（右）と花田氏

「そりゃいい、面白いじゃないか。せっかくだから素人《しろうと》の遊びでなく、ちゃんとした歌にしなよ。うちに出入りしている人で、作詞をやっている人がいるから、見てもらったらどうかね」

とそそのかす。

俺もついその気になって、氏から聞いた住所へ小野先生を訪ねて行った。

小野先生は、俺の持参した歌詞を読むと、

「添削《てんさく》してあげますから、少し時間を下さい」

と言われた。

十日ほどして、先生が添削した歌詞を持ってきてくれた。なるほど、ぐっと引き締まっていい詞になっている。「餅は餅屋」とはこのことかと感心した。

だが俺はカラオケは好きで、同好会にも入っているが、作詞家とはつきあいがなく、別世界の人でしかなかったので、「ありがとう」のひとことで、小野先生とはそのままになっていた。

ところがまたある日、花田氏から、小野先生は業界では名のある作詞家だと教えられ、驚いた。

「そうとは知らないで、歌詞を直してもらいながら礼もしないで、失礼してます」

頭を掻《か》きながら、そう俺が言うと、

「そういうことなら、わたしにも責任がある。近いうちに三人で会食しよう」

と言ってくれた。

何日かして花田氏は、小野先生と俺をかに道楽へ招待してくれ、その後も、八田駅近くの大善という料理屋へも招いてくれた。その席で俺は作詞のコツを先生に教わったが、なかなか理屈どおりにはゆかない。

ついでに、といってはなんだが、この本を読んでくれた人に、話の種として、俺が最初に作った歌『俺の人生を歌いたい』と、二度目の歌『風花の宿』を御覧に入れよう。

俺の人生を歌いたい

作詞作曲　坂野房夫

涙みせない　男のいのち
俺がしかけた鳶土工《とびどこう》
この道一筋　一本道と
頑張りきずいた　一生を
あ～歌いたい

涙かみしめ　男の勝負
昭和生まれの　三無い尽し
一歩一歩の　積みかさね
義理と人情と　愛情を
あ～歌いたい

涙が花になる　五十年
命燃やして　技の道
一本だちして　必死の世界
いちど限りの人生を
あ〜歌いたい

鳶と人生（俺の人生を歌いたい改題）

作詞　坂野房夫　補作詞　小野都久

一、男が一度　仕掛たからは
　この道ひと筋　夢を追う
　俺の命を　足場にからめ
　見えぬ明日を　手で探る
　ひとつ唄おう　鳶の歌

二、涙と汗が　からんで落る
三無い尽しの　長い冬
苦労ばかりを　女房にさせて
肩を抱いたら　目が赤い
ひとつ唄おう　鳶の歌

三、人生途中　五十を数え
振り向く事も　なかったな
やっと明りを　この手で掴む
一升据えての　あぐら酒
ひとつ唄おう　鳶の歌

無題

作詞　坂野房夫

残り香の　たゝむ寝巻の
襟元に　一筋からむ
こぼれ髪　帰して
やるんじゃ　なかったに
含む未練の　夜の杯《さかづき》

移り香の　交す摘《つま》みの
口移し　唇ふれて
赤ら顔　送って
行くんじゃ　なかったに
きざむ後悔の　床の空しさ

夢の香の　帰る靴の音
我が胸の　吐息に　匂う
ぬくもりを
帰してやるんじゃ　なかったに
濡れる思いの　夜の溜息

風花《かざはな》の宿（無題改題）

作詞　坂野房夫　補作詞　小野都夫

一、衿元に　一筋からむ
恋の名残りの　ほつれ髪
別れたくない　いゝ人だから
罪の一夜を　くいて泣く
命重ねて　おんな酒

二、風花が　心をゆらし
静かに舞い散る　窓の外
悔いはないかと　肩抱き寄せて
そっと微笑《ほほえみ》　くれる人
寒い未練の　花の酒

三、夢ひとつ　思いを残し
どこへ立ち去る　旅の人
いつか小さな　木漏れ日ぐらい
きっと私も　拾います
朝に紅さす　忘れ酒

三味線・小唄の先生

　ある日、南区内田橋に、三味線の弾き語りをする先生がいると聞き、俺は㈲の兄貴が、そういうのをやっていたのを思い出し、俺もちょっとやってみるかと、面白半分、懐《なつ》かしさ半分で尋ねていった。

　先生は俺よりひとまわりくらい年上にみえた。昔、芸者をしていたが、結婚して独立し、三味線と小唄を教えるようになったという。

　稽古《けいこ》日と時間を訊《き》くと、いまのところ生徒を目一杯かかえているので、教室の開いている時間帯に来て、順番待ちをしてもらうしかないとのこと。そこで、先生の手の空《す》く夜に、出張稽古をつけてもらうことにした。一日置きの週三日の稽古を申し込んだ。

　先生は夜の七時ごろ、内田橋からタクシーでわが家に来られる。最初は「からかさ」という小唄だった。先生が三味線を弾きながら、柔らかな声でひとくさり唄って、そのあと少しずつ教えてくれる。歌詞もいいが三味線の音色も素晴らしい。

俺は真剣に習った。女房も一緒にはじめたが、覚えるのが遅い。俺が三つ覚えるあいだに、やっと一つ覚えるくらいだ。三味線にいたってはもっと遅い。とうとう音《ね》をあげた女房は、三味線は返上して小唄だけの稽古になった。

そうして稽古をつづけているある日、ヘンな野郎に出会った。

酒井先生と筆者

小唄の稽古なかまたちと

先生の稽古日の当日、俺は先生が来られる前に、少し体を鍛《きた》えるために家の周りを走っていると、不意に見知らぬ男が寄ってきて、

「お兄さん、さっきから見ていましたけれど、走りづめでお疲れでしょう。少し休んでください。わたしの車があるから乗って下さい」

と言う。

「車に乗ってどうするんだ」

おかしな野郎だと思って、まじまじと男をみると、相手はにっこり笑う。年の頃は三十五〜六。色白の優男《やさおとこ》だ。車は三重ナンバー。

「わたしと少しつきあって下さい」

と、しなをつくる。

「バカ野郎、張っ倒すぞ」

と、俺。男はひるまない。

「お兄さん、そんな汚い言葉、今時はやりません。見ればお兄さんは体はがっちりしっているし、腕には彫り物もあるし、ステテコにねじり鉢巻《はちまき》。全部気に入りました」

「阿呆《あほ》なこと言っとらんと、早よ帰れ。バカ野郎」

それ以上しつこくされたら、俺は本当に張り倒しそうだったので、「君子は危うきに……」と家にもどった。

すると先生は既に到着して、女房を前にお茶を飲んでおられた。

「坂野さん、どこまで走って来たの」

「いや、そんなに遠くまでは行かなかったけれど、ヘンな野郎に呼びとめられて、ちょっと自分の車に乗って休んでゆけと言うので、そんな暇はない、バカ野郎！　と別れてきたんです」

「おや、おや、とんだ男に惚れられて、災難でしたね」

大笑いになった

先生との稽古がつづいて、やがて社員旅行の季節になった。先生を誘うと「喜んで」という返事。

当日、先生はわざわざ三味線を抱いて、参加してくれた。社員は大喜びだ。大型バスを借り、先生、社員一同、俺の家族、兄嫁や姉、経理士夫妻などなど、俺の大好きな人生の仲間を乗せて出発だ。

車中もわいわいと賑《にぎ》やかだったが、夜の宴会はさらに盛りあがった。先生が得意の三味線を披露され、俺は小唄と民謡。社員もてんでに歌競《うたくら》べだ。

俺のところの社員は、酒好きだが酔って崩れたりしない。皆自分の限度を心得ているから、他人に迷惑はかけない。それがわかって、先生は毎年社員旅行に参加してくれた。

年季の入った一流の腕を持っていながら、驕《おご》らない、楽しい先生だった。小唄の発表会をしたあと、二次会の座敷に、俺の取り持ちで芸者を呼び、小唄の喉競《のどくら》べや三味線の弾き競べをしたことがある。現役の芸者が、先生にはかなわなかった。

「先生はやっぱり凄い」

と俺が感嘆すると、

「私が現役だったころは、誰もこのていどに出来ました」

と笑っていた。

俺たちのように荒っぽい仕事をしている者にも、構えずひるまず、悠々《ゆうゆう》と涼し気に生きておられた。

つきあいは九年もつづいたが、その先生も既に亡い。

俺の愛しき家族

とめ子姉さんのこと

俺の父坂野彦三郎は、兵役に二回も引っぱり出されて、勲章を五個ももらった。二男の兄正一も金鵄《きんし》勲章をもらっている。金鵄勲章というのは、生きているうちには、なかなかもらえないものだと聞く。

俺はそういう晴れがましいものは、ひとつももらったことがない。けれど、その代わり大勢の良き家族に恵まれた。家族が俺の宝物だ。

姉・とめ子と筆者

俺は十二人兄姉の末っ子。きょうだいが十二人もいたら、物の取り合い、性格の違いやらで、さぞかし大変だったろうと、同情口調で言ってくれるご仁もいるが、俺は兄や姉からいじめられたことは一度もないし、兄や姉が喧嘩《けんか》をしているのを見た覚えもない。むしろ十二人もいたからこそ、誰かが困っていれば、誰かが救いの手を差しのべたし、差しのべられた。

ただ、そんななかでも一番気の合う仲良しはいるもので、俺にとってそれは六女のとめ子姉さんだった。

その姉さんが蟹江町船入の電気工事店へ嫁入りし、しばらくして、

「店が忙しい。房ちゃん手伝いに来てくれない？」

と言ってきた。

俺は十四か五くらいだったと思う。喜んで手伝いに行った。

仕事はほとんど農家からの依頼で、ヒューズがとんだから直してくれというのだった。

姉・とめ子と夫の服部国雄氏

そのころの農家は、家の内の電気とは別に、脱穀機や籾摺機《もみすりき》などのための、農業用電気を使用していた。家庭用の電気のトランスは家のなかにあったが、農業用の、二百ボルト用のトランスは、その二種類の電気の回路の別れ目、つまり電柱に設置されていた。

秋になって、モーター付きの電動農機が動き出すと、しばしば電流が過重になり、電柱の方のトランスのヒューズがとんだ。するととめ子姉さんの嫁ぎ先に電話が入り、俺の出番になるという次第だった。

その日も俺の出番がきて、鼻歌まじりでバイクを走らせ、依頼主の家の前の電柱に登った。高い所は俺の得意分野だ。するすると登って腹帯で体を支え、ヒューズを取り替えるべく、手を伸ばした瞬間、ビッ！と体に電気が伝わり、衝撃で失神した。高圧線に触れたらしい。すぐ意識がもどり大事には至らなかった。

俺はふりかえってみて、建設関係のような危険と隣合わせの仕事をしてきながら、仕事のうえで事故を起こしたことも、怪我をしたことも、不思議なくらいない。

いつであったか本山の工事現場で、VSC機械の手元で指揮をとっていたとき、上から土のかたまりが、もろに頭に落ちてきて倒れたことがあった。足元の柔らかい盛り土の上に倒れ込んだ。しばらくして息子の充資がやってきて、

「親父、どうした。そんな所に寝てないで、疲れたなら、あちらの乾いた所で休んだら」

と声を掛けてきた。

俺はその声で気が付き、

「バカ野郎、好きでこんな所に寝ているか。上から土が落ちてきて脳震盪をおこしたんじゃ」

息子は驚いて俺を抱きかかえ、日陰へ連れていってくれた。

少し休んでいたが、立ちあがってもどこも痛くない。頭も大丈夫だ。これが土でなく石だったら、一巻の終わりだったかもしれないな、と思いながら現場へもどったものだ。

もうひとつ、ヒューム管の接続にかかわる話をするため、相手方へ出向く途中のことだった。名鉄金山駅の階段でつまずき、二十三段の階段を転がり落ちた。

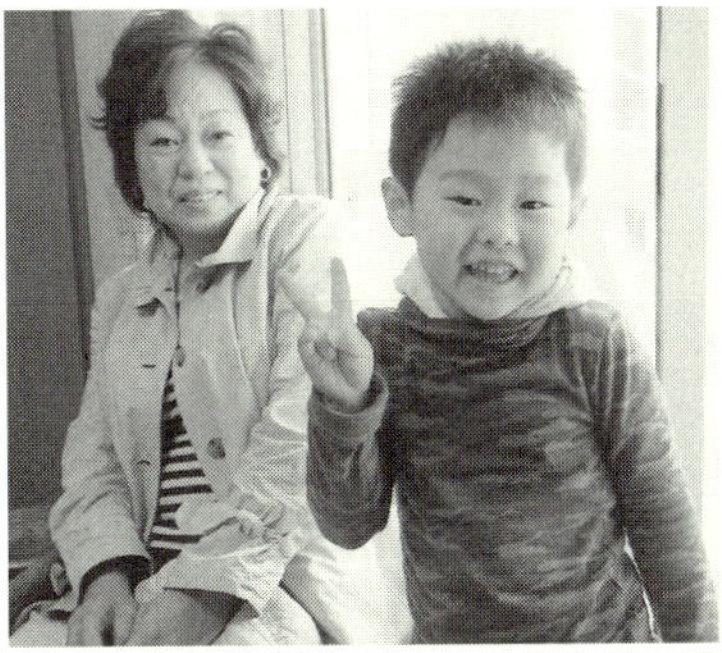

姉・とめ子の長女てるよの長女が、野球解説者の小松辰雄と結婚（写真右）。上は、てるよと小松夫婦の子ども。

電車を待っていた人や駅員が駆け寄ってきて、大丈夫かと声をかけてくるが、俺は返事が出来ない。救急車を呼べ、と人が電話しに行く。俺は鞄がないのに気がつく。見ると二メートルくらい離れたところに落ちている。それを取ってもらう。

そのうちに気分が恢復《かいふく》してきた。肩や足を動かしてみたが大丈夫だ。毛皮のコートを着ていたのが幸いしたらしい。右掌を少し擦《す》りむいたていどですんだ。

予定の電車にも間に合い、商談もととのった。

二日後に、世話になった礼を言いに金山駅を訪れ、その日の駅員さんや駅長さ

んに頭を下げると、

「本当に、よくまあ怪我もなく、ご無事でよかった」

と感心した様子だった。

改めて、転落した階段を見て、二十三段という階段の深さにぞっとした。

「神様が守って下さったのでしょう」

と駅長さんが言う。

俺もそう思い、心底神様に感謝した。


そんなこんなで、俺は仕事に関して本当に神仏のご加護を思い、いまなお感謝している。

そのかわりか、芸者遊び、飲み会、徹夜マージャンなど、遊びが過ぎて胃潰瘍《いかいよう》になり入院する羽目になった。とめ子姉さんが心配して、毎日、胃に良いという料理を作って、病室へ届けてくれた。


その姉も、いま認知症にかかって施設に入っている。俺が月に一回、娘たちやのり子姉さん（次女）の娘さんたちと連れだって、見舞いに行くと、とめ子姉さんは認知症ながら俺の名を覚えていて、手を握り、じっと俺の顔を見て喜んでくれる。

昇兄さんのこと

五男の昇兄さんは、昭和十六年に海軍の豊川《とよかわ》工場へ徴用《ちょうよう》され、寮長をしていた。同十九年には徴兵されて、名古屋の高蔵工廠《たかくらこうしょう》に勤務していた。

二十年八月の終戦で退役し、師崎《もろざき》の石橋組に入社し、知多半島方面の護岸工事に従事していた。その後篠島や日間賀島などの工事にもかかわり、石橋組を定年まで勤めたが、その少し前に吐血《とけつ》して、名古屋の岡山病院に入院した。

俺と同じ胃潰瘍《いかいよう》だった。はからずも当時、同じ病名同じ病院に俺がいた。

兄は大部屋、俺は特別室にいたので、兄はしょっちゅう俺の部屋へ遊びに来た。

「おれんちの家系は胃が弱いのかなあ」

「いや、二人とも酒が過ぎたんじゃろ。何事もほどほどにせにゃいかんわ」

長福寺の観音像

兄・昇（右）と

お互い戒《いまし》めあったりしていて、俺が一足先に退院し、間もなく兄も退院した。

と、そこまではよかったのだが、兄の妻サチ子さんが、背骨のヘルニアにかかって、兄は看病に打ち込んだ。その間二十三年。看病疲れで病死してしまった。サチ子さんも後を追うように亡くなった。

現在は兄の息子さん、長男の幸典さんが一級建築士の免許を持ち、建築関係の会社をおこして、忙しく働いている。

その幸典さんの奥さんの実家が、南知多の豊丘の長福寺という寺で、先頃、たまたまその寺を訪ねる機会があったのだが、境内に足を入れて「おや？」と思った。見覚えのある観音像が立っているではないか。

訊《き》けば作者は浅野祥雲《しょううん》先生だという。やはりそうか。祥雲先生の製作で、俺がその像を載せる台座を作り、名古屋から先生と一緒に運んで、据え付けた観音様である。不思議な縁という他ない。

竹林院の庵主《あんじゅ》様

庵主様の名は坂野良泉《りょうせん》。

俺の身内ではこの方が一番の変わり種だ。長男の国治兄と奥さんとのあいだに生まれた、一人娘で「イソミちゃん」と呼ばれていた。国治兄は愛知県の土木課に籍を置いて、南陽村の道路の補修工事などに従事していた。奥さんは俺の顔を見るたび菓子をくれる優しい人だったが、昭和二十年の暮れに三十七歳という若さで病死した。その後国治兄は再婚して、相手の連れ子の武に加え、とし子、君子の二人の女児をもうけた。だがイソミちゃんの実母が亡くなった五年後には国治兄が腸閉塞《ちょうへいそく》で他界してしまった。こちらも三十八歳の

良泉さんの義理の弟・武さん

若さだった。遺されたイソミちゃんは、このときわずか六歳。どんなにか寂しく悲しかったことだろう。それでも頑張って大学まで進んだけれど、幼くして両親を亡くしたショックが大きかったのか、大学卒業と同時に京都の竹林院という尼寺に入り、良泉という名を授かった。

この寺は、京都市下京区川原町通りにある、浄土宗捨世派の寺で、元は今の松原あたりにあったという。そこに鎌倉時代の御伏見院の仮御所が、荒れ放題になっていたのを、良雲入道が寺と成した。それが良雲山竹林院のはじめであるといわれる。御本尊は、恵心僧都《えしんそうず》の作と伝えられる阿弥陀如来で、第二十九世までは男僧寺院で、拾世派中本山となっていた。

良泉さんがこの寺の住職となったのは、昭和五十八年十月十日で、その晋山式《しんざんしき》には俺たち親族も招かれて、良泉さんの晴れ姿に接することが出来た。帽子《もうす》をかぶり、白い払子《ほっす》を捧げ持ち、錦の法衣をまとい、多くの信者や同門の僧らに見守られて、儀式に臨《のぞ》む良泉さんは、堂々として見事だった。第四十三世庵主様の誕生であった。

晋山式。中央が竹林院の良泉庵主

右から昇、とめ子、良泉、筆者

現在、良泉さんは、お弟子さんたちの指導のかたわら、生け花や書道、茶道を教え、寺発行の新聞も手がけるなど、多忙の日々を過しておられる。若くして他界したご両親も、喜んでおられよう。

玉砕の辰一兄さんのこと

戦死した兄・辰一

三男の辰一兄と俺は十六歳ほど年が離れているし、兄は二十七歳で、ニューギニアのツープというところで戦死しているので、あまり記憶がない。

それにこの辰一兄は生まれた翌年に、南知多町高浜の山本家へ養子に行っているので、なおさら記憶にとぼしいのだが、小学校五年生のころ、兄のもとへ遊びに行き、帰りに土産をもらって嬉しかったことや、兄の優しい笑顔は、しっかり脳裡《のうり》に残っている。

二十七歳という若さで、しかも二度目の戦地で玉砕《ぎょくさい》なんて、口惜しすぎる。一粒種《ひとつぶだね》の八《や》重子《えこ》さんは満二歳で、さぞ心残りだったにちがいない。

その八重子さんの話によれば、辰一兄が戦

辰一の長女・八重子

八重子の夫・伊東司郎

八重子の娘・とみ子と筆者

地へ出発する前日、伯母《おば》に背負われて、母と三人で横浜まで「父に会いに行った」そうだ。もちろん八重子さんは覚えていないのだが、辰一兄は八重子さんに「笑って、笑って」と言い、八重子さんは無心に笑ったと伯母から聞かされたそうだ。

ただ、八重子さんにも一つだけ「父」の記憶がある。父が「すずめの学校の歌」を、何度も繰り返し歌ってくれて、その声がいまも耳の底に残っているという。

八重子さんはその後、昭和四十一年に伊東司郎氏と結婚した。式には㋩の正一兄と、昇兄が出席した。現在は、華道は池坊、茶道は久田流の先生として、自宅と公民館に教室を持ち、二人の息子、一博さんと史雄さんから届く年賀状の孫の写真を、部屋に飾って、幸せに暮らしている。

異国の地で無念の戦死をした辰一兄さん、八重子さん一家を見守ってあげて下さい。

すう姉さんとのり子姉さん

すう姉さんは長女で、鈴木石松さんと結婚し、おしどり夫婦と言われたくらい、どこへ行くのも何をするのも一緒の、仲むつまじい夫婦だった。残念ながら石松さんは六十九歳で死去。すう姉さんは息子の良光さんに助けられながら八十二歳の天寿をまっとうした。

次女の、のり子姉さんも鈴木という姓になり、夫の良一さんに従って船に乗ったり、鳥を捕らえたり、また井戸掘りを手伝ったり、働き者だった。

良一さんが六十九歳のとき、知多郡の阿久比《あぐい》へ古井戸の撤去に行き、土砂崩れで生き埋めになり、死去。手元の人たちもどうしようもなかったと聞く。井戸掘の名人と言われた人だったのに、運命というべきなのか。

のり子姉さんは八十歳まで生きてくれたのが、せめてもの慰めだ。

長女・すう（左）と次女・のり子（右）
1960 年頃。坂野家でのいとこ会で

俺の子供たち

俺の子供は五人。いずれも元気に暮らしている。実は最初の子を亡くしている。藤夫と名付け、可愛い盛りの二歳のときだった。夜、急にひきつけを起こした。驚いて、かかりつけの佐藤医院へ電話をし、往診してもらった。

医者は、ただのひきつけだから心配ないと言って、注射を一本打って帰った。その夜、俺たち夫婦は十二時前後まで、藤夫の様子を見守ったあと、医者の言葉を信じて眠った。ところが朝起きてみると、藤夫は冷たくなっていた。医者に連絡すると、

「それでは死亡診断書を届けます」

状態を見もしないで、他人事のような返答だ。俺は怒り心頭だった。

しかし、どうしようもない。内輪の弔《とむら》いをして坊さんに経《きょう》をあげてもらった。いまの時代なら、藤夫がひきつけた時点で、すぐ救急車を呼び、小児科専門の先生に診てもらうこ

とが出来ただろうが、昭和も二十年代で、救急車もない。医術も遅れていたし、俺たちも無知だった。

ごめんな、藤夫。

藤夫の後に生まれた充資は、最初の女房と別れたあと、十年くらいして俺のところへ働きに来た。そうしてみっちり実地勉強して、七年後に独立した。

二男・照彦夫妻

充資の一年後に生まれた照彦も、やっぱり俺のところへ働きにきたが、こちらは二年で辞め、母親のとんちゃんの店を継いだ。その商売が性《しょう》に合ったらしく、碧南《へきなん》に支店も出して盛業中だ。

長女の雅美《まさみ》は、どうやら俺の体質を濃く受け継いだらしく、小学生のころから運動能力に優《すぐ》れていた。まだ立ち歩きの出来ないころ、よく両足を前へ突き出して男座りしていた。

長女・雅美（左端）の家族

「まァちゃん、おいで」

と俺が手を差し延べると、普通なら這《は》ってくるところを、雅美は両足を突き出したまま、尻でいざってくる。それがなんとも可愛かった。

体も健康で、幼稚園から小学校へ進むと卓球に目ざめ、活躍ぶりが学校の外にも知られるようになり、あちこちの中学から「是非うちに」と勧誘がきた。雅美自身が考えて、最終的に市邨《いちむら》学園に特待生として入校した。

入校後はさらに、卓球選手として頭角を現わし、地区予選で優勝して県大会まで進んだ。また国体には学園の代表として出場した。

当然大学まで行って、活躍の幅を広げるのだろうと俺はみていた。しかしちがった。

「大学まで行ったのでは、青春が潰《つぶ》れる」

そう言って惜しげもなく、卓球も大学も捨てて就職してしまった。

どうやら彼氏がいたらしかった。だから四年も大学に縛られたくなかったのだろう。就職先もしばらく籍を置いただけで辞め、早々と結婚式をあげた。

現在は子供も立派に社会へ送り出し、旦那さんと仲良く暮らしている。

雅美については、いま一つ、俺もシャッポを脱いだ話がある。

あれは、名古屋駅の建て替えがきまり、ツインビルの建設がはじまっていたときだった。俺は、新聞やテレビで取りあげられるほどの、でっかいビルの建設がはじまると聞くと、体がうずうずする。どんな工法でどんな内容のビルが建つのか、知りたくてたまらない。そこでついつい建築現場へ出向いて、周りをうろついたり、覗《のぞ》けるところは覗くということになる。

その日も俺はカメラを持ち、会社の事務を手伝ってくれている雅美を誘って、ツインビルの建設現場へ足を運んだ。

すると、俺が特許を取っているＶＳＣ工法によく似た機械が、故障して停まっている。それを写真に撮りたいが、塀《へい》が邪魔になる。カメラを構えて右往左往する俺。突然雅美が言った。

「お父さん、カメラ貸して」

「なんだ」

「いいから、そこで待ってて」

カメラを持って塀の内へ入っていった。

塀の開いたところから見ていると、雅美はためらいもせず仮設事務所へ入ってゆく。しばらくして、中年の現場監督らしき男と出て来て、現場へ向かう。

男は何か一所懸命説明している。男の指差す方へ雅美がカメラを構える。

やがて男へ深々と一礼して、雅美がもどってきた。

「事務所は会議中だったわ」

と雅美は笑った。

「何だ、どうやって、さっきの男を引っ張り出したんだ」

「まず、私は大学で建築を学んでいると自己紹介したの。そうして、今度卒論を書くために、いろんな建設現場をまわって話を聞かせてもらっている、と言ったの。そうしたら喜んであれこれ説明してくれて、写真も十枚くらい撮れたわ」

機転がきくというか、度胸があるというか、俺はただただ感心して、こんな営業マンが俺の会社にいてくれたらと思ったものだ。

次女・真弓夫妻

次女の真弓《まゆみ》は、雅美よりやや大柄だったが、性格は反対にもの静かで大人しかった。高校を出たあと、しばらく着物のモデルをしていたが、やがて料理の専門学校へ入り、その学校で知り合った男性と相思相愛の仲になる。彼は土岐《とき》の窯元《かまもと》の跡取り息子。その彼が料理学校に通っていたのは、料理と器は対《つい》のようなもの、どんな料理にはどんな器が合うかを、勉強するためだったろうか。

学校を出て真弓は彼と結婚。ところが彼のお父さんが急死。彼は若くして窯元になる。

「こんなことなら、もっと早くから、父にいろいろ教わっておくべきだった」

と悔やんでおられたが、どうしてどうして、立派な窯元だ。真弓も手伝って、良き女房ぶりをみせている。よかった。

土建一代・俺の軌跡

俺は十六~七のころから、裸一貫《はだかいっかん》、自分の手足と才覚で生きてゆこうと心に決め、当時最も近距離にあり、しかも花形だった建設業界に踏み込んで、以来五十余年。さまざまな仕事をしてきたが、なかでもちょっとユニークで面白かったり、この仕事のおかげで思いがけない人との再会があったり、または国の基盤ともいうべき大工事に参加して、驚くべき裏面を見せてもらったことなどを、まとめて書いてみようと思う。

そのなかには、一般には知られていない、業界の不思議な側面もあるだろう。

笹島交差点での看板工事

これは俺がまだ十八歳ころの仕事だ。Y組で働いていた俺のところへ、当時鬼頭組にいた安井君が、

「うちの組には、この仕事の出来る職人がいないので、坂野さんひとつ頼まれてくれないか」

という話を持ち込んできた。

笹島《ささしま》交差点にある二階家の屋根に、看板を揚げる仕事だ。看板といっても、そのへんのチャチなものではない。重さ一屯《トン》二百キロもある広告塔だ。そんなものを街のどまんなかに揚げるとなれば、交通規制しなくてはやれないから、昼間は出来ない。夜から翌朝にかけての仕事になる。だが他ならない安井君の頼みだ。引き受けた。

俺の勤務先、Y組の仕事を終えて一休みしたあと、夜の九時ころ、横付自転車に足場用

の丸太（長さ五～六メートル）をくくりつけ、若い衆に先導させて笹島へ向かった。

十時ころ現場に着き、丸太を降ろす。冬十二月の夜だ。寒い。だからといって、鳶がジャンパーのような邪魔くさい防寒服を着込んでいたのでは、仕事にならない。皆ねじり鉢巻に手甲《てっこう》、腹巻、乗馬ズボン（俺がデザインして作らせたズボン）に、組の名や世話役、鳶頭など肩書きの入った法被《はっぴ》、足には五女子足袋《ごにょうしたび》（ふくらはぎまである地下足袋）、腰にシノを一本ぶち込んだ、いなせなスタイルだ。

機械などない時代。まずボーズを組み立てるのに、トラワイヤーの行く位置を決め、アンカーの行く所に穴を掘る。台付ワイヤーで地中に固定する。そこへ、トラックに積んだ看板と鉄骨の柱二本が到着する。柱を建て込む。このあたりで夜中の十二時になる。焚《た》き火をして夜食をとった。一服していると、ペラペラの派手な服に真っ赤な唇、くわえ煙草のパンパンガール（と戦後間もないころ呼ばれていた街娼）が寄ってきた。

「お兄さん方、ご苦労さん」

「やあ。あんたらもこの寒い真夜中に大変だね。まあ火にあたれや」

と五分十分雑談する。

食べるためとはいえ、彼女たちも冬の夜中に、薄っぺらな服を着て客引きをする。さぞ辛かろうと、同情せずにはいられなかった。

束の間の暖をとって、彼女たちが男の影を追って行き、俺たちも交通止めしてボーズを組立てる。ボックス張りを位置に置く。ボーズも位置へ置く。トラワイヤーをアンカーにしっかり取り付ける。ＯＫだ。

ウインチ巻けの合図を送る。

ボーズも丸太二本抱き合わせで吊る。

安井氏（左）と飯田氏（右）

安井君「出せ」の合図。

飯田君も「出せ」の合図。

ボーズがじわじわと傾いてゆく。

「もう少し、もう少し」

の合図の途中、突然バリバリッともの凄い音を立てて、丸太二本を抱き合わせて作った十八メートルもあるボーズが折れた。

俺は肝《きも》を潰《つぶ》した。折れたボーズの下に施主の家がある。家の内で家人が眠っている。

（しまった！）

（いや待て、どうした…）

なんと！　折れたボーズが、家屋の両端に立てた鉄柱に乗っかって止まっているではないか。家屋は無傷だ。

俺は腰が抜けそうになりながら、神仏に感謝した。こんな幸運なことがあるのだ。神仏のおかげと言わずして何と言おう。

ボーズを新しくして、看板は無事揚がった。

川名のお寺の建前

大工が設計図に従って木材を切ったり、穴をあけたりするのを、仕込みという。その仕込み終えた柱や棟木《むなぎ》を組み立てる建方《たてかた》の仕事が入って、二日目だった。

その日は朝から北風が強く、仕事に入るころから雪が舞いはじめていた。夕方、棟上げが終わるころには、うっすらと地に積もっていた。柱にも梁《はり》にも雪がはりついている。だがこんなときでも建前は省けない。

俺は棟の上に登って、御幣《ごへい》を振りながら木遣《きや》りを歌った。木遣りはどこの現場でも俺の専任だった。

サア〜　目出度目出度の　若松様よ
枝も栄えて　オヤ　葉も繁る
エンヤラヤ〜　サヨイサ　エンヤラサ
エンヤラ　ヤレコノセ〜
サノヤ〜　アレハサエンヤラヤ

雪が三センチ五センチと降り積もるなかで、宴会がはじまる。

俺の音頭で、皆が一緒に住職の住居へ唄い込むと、祝儀《しゅうぎ》と酒が出る。つづいて、近くの檀家へも唄い込み、祝儀と酒にあずかる。

次は大工の棟梁の家へ唄い込み、また祝儀と酒が出る。最後に鳶の親方の家へ着くこ

川名の法恩寺

ろは、足首の上まで雪が積もっていたが、酔った勢いである。仕上げの木遣りを唄ってまた祝儀と酒をもらい、親方の家を出たのは、夜十一時を過ぎていた。

いまはそんなふうに、あちこちに祝い唄を唄い込んで祝儀をもらうような風習は、なくなったらしいが、俺の若いころは月に三～四軒の建前があり、ときには木造の学校でも木遣りを唄って祝儀がふくらんだものだ。特に俺の場合は、木遣唄だけに呼ばれて行き、結構な収入になった。

こういう時代だったからか、また現場には施主を狙って、ヤクザやチンピラのゆすりたかりが、しょっちゅうやってきた。俺はそれらの追っ払い役も引き受けていた。

佐久間ダム索道の木柱組立

聞いたところによれば、佐久間ダムというのは、大正年間から既に計画が持ちあがっていたという。しかし、なにぶんにも相手は山深い天竜渓谷の最深部だ。雪どけや降雨などの洪水量がはんぱじゃないのと、何十メートルにも及ぶ礫層《れきそう》を危ぶんで、計画が見送られてきたそうだ。

無理もない。俺が建設業に足を入れた昭和二十年代でさ、建設機械は戦争のせいで随分立ちおくれていた。穴ひとつ掘るにも、土を運ぶにも、セメントを練るにも、物を吊り上げるにも、人力が頼りだった。必要な機材で出来るものは、俺などほとんど手造りでやった。

それが佐久間は、昭和二十八年に本格的に着工して、わずか三年で完成したのだから驚きだ。これはひとえにこの工事のためにアメリカから輸入した、パワーシャベル、十五屯ダンプカー、二十五屯起重機、トンネル用の全断面削岩機《さくがんき》、ベルトコンベアなどなど、強大な機械力のたまものだろう。日本が兵器生産に、とぼしい資金を注ぎこんでいるあいだ、アメリカは悠々とこれらの機械を生み出していたのだ。

そんなわけで、佐久間ダム建造の一翼をになうという話が、Y組にも降りてきて、親方が俺に六人の若い衆を付けてくれたときは、いったい、あの道とてない天竜の山奥にどうやって、どんなダムを造るのかと、俺は不安半分、好奇心半分、アメリカから来たという建設機械を目の当たりできるわくわく感で、複雑だった。

若い衆と一緒にバスで天竜へ向かった。駅から村の入口まではトラックに乗せてもらい、村に入ると、農家の納屋へ案内された。納屋といっても十畳くらいはありそうな、板張りの部屋で、そこが俺たち七人の宿舎ということだった。

納屋の持ち主のお爺さんと、そのつれあいらしいお婆さんがあらわれて、そのお婆さんが、俺たちのめしを作ってくれるという。

その他、酒やたばこ、タオル、シャツなど最低限必要な生活物資は、雑貨屋で買えると、これはハザマ組の社員が教えてくれた。

だが何よりもびっくりしたのは、村に「遊女屋」があると教えられたことだ。

そういえば工事現場へ入る入口の橋を渡った川沿いに、八軒ほどのバラックが並んでいた。それが遊女屋で、内部は莚《むしろ》で仕切られた小部屋が、六部屋並んでいて、そこで男たちを迎えるようになっているという。遊女たちは名古屋とかあちこちの遊郭から集められたらしい。


俺たち鳶の仕事は、現地の山から伐採した木で櫓《やぐら》を組み、向こう側の山へ荷を送る索道《さくどう》を作るのだった。鳶は、俺たちY組の者だけではない。なにしろ、とてつもない大仕事だ。いろんな組の法被《はっぴ》を着た鳶が働いている。そんな見知らぬ仲間と呼吸を合わせて、仕事をするのである。それでなくても鳶は気が荒い。ひとつまちがえば大事になる。

しかも、伐採《ばっさい》した木を山から降ろすのに、大勢の人夫を使う。この人夫たちは、誰がどうやって集めたのか知らないが、前科のある者、家出人、強盗や殺人などをしでかして逃亡中の者など、大半が危っかしい男たちだ。仕事の上での緊張に加えて、隣の男の目の色、声の調子にも気を遣わねばならなかった。

山から伐採したばかりの生木は、重くて扱いにくかった。大工が皮を剥ぎ、十メートルから二十五メートルくらいに切り揃えたのを、滑車、ロープ、モンキー、シノだけで組み立てるのだ。

作業場は狭い。ひとつ間違えば柱木もろとも、谷底へ真っ逆さまだ。

「いいか、作業に入ったら、自分の足場と作業の安全に神経を集中しろ。周りで悲鳴や怒鳴り声があがっても、不用意に振り向くな」

と俺は連れてきた若い衆に注意した。

さいわい俺たち鳶のグループは、統率力を発揮して、一基、二基、三基と進むうちに、どんどん捗《はか》がゆくようになり、二十基すべての櫓を組み終えるころには、この仕事専門でもやってゆけるくらいになっていた。

俺たちの仕事はまず順調だったが、不思議なことに気がついた。村に若い女がまるで見当たらないのだった。まさか姥捨《うばすて》村ではあるまい、と思って、ハザマの社員に訊《き》くと、

「なにぶんにも、身元も気心も知れない男たちが何百人もいます。遊女屋があるとはいえ、何が起きるかわからないので、十五歳から三十五歳までの女性は、村の外へ疎開してもらいました」

とのことだった。

（なあ〜る！）

と俺は思った。賢明な処置というものだろう。

ハザマの社員の危惧《きぐ》は、工事場の入口の遊女を見れば、一目瞭然というものだった。男たちは昼夜交替で仕事をする。仕事休みの日とか、夕方ともなると、あちこちで人夫たちの酒盛りがはじまり、バクチがはじまり、酔ったあげくのチャンチャンバラバラがはじまる。

「あいつイカサマをやったにちがいない」

「俺のことを監督にチクリやがった」

などと目をつけられたら、隙をみてダムの底へ突き落とされ、上からコンクリートの滝を浴びせられる、という噂さえあった。

遊女屋の前には、連日男たちが列をなし、小屋の中へ向かって
「早くせんか、この野郎！」

「いつまでやっとる、バカヤロー！」

と罵声《ばせい》が飛び交う。

一軒に六〜八人の遊女がいたが、働く男の数は常時数千人、工事の最盛期には一万人に

も達したといわれたくらいだ。弱い男は列にも加われなかった。

夜になると、現場で人夫たちを指揮していた監督らが、昼間の叱声《しっせい》の仕返しを怖れて、

「坂《ばん》さん、頼む。宿舎では危なくて寝てられぬから、こっちで一緒に休ませてくれ」

と、毎晩のように俺の宿舎へ泊まりに来た。

毎日がスリル満点の面白い現場だった。

ダムが完成してから聞いた話によれば、この大工事の犠牲になった者は、死者九十四人、重傷者二千六人、軽傷者は数知れずとのことだ。

新幹線堤防の杭打ち

新幹線という超特急列車を、日本に走らせようという計画が持ちあがり、その路線の土手に、補強用の杭を打ち込む仕事が、俺の会社坂野組に舞い込んだのは、昭和三十七年だった。経口二十センチ、長さ二メートルから二・五メートルの丸太を、一メートル間隔

で、四十度の斜面（土手）に打ち込むのだ。

坂野組が受け持ったのは、大高のあたり三百メートルほどの距離の南側だ。

元請けはＫ工務店。

坂野組は下請けだが、俺とてすでに押しも押されもせぬ、建設会社の経営者だ。たとえ杭打ちのような縁の下の力持ち的仕事でも、日本の技術の素晴らしさを世界に知らせるために、一所懸命やってやると奮《ふる》い立った。

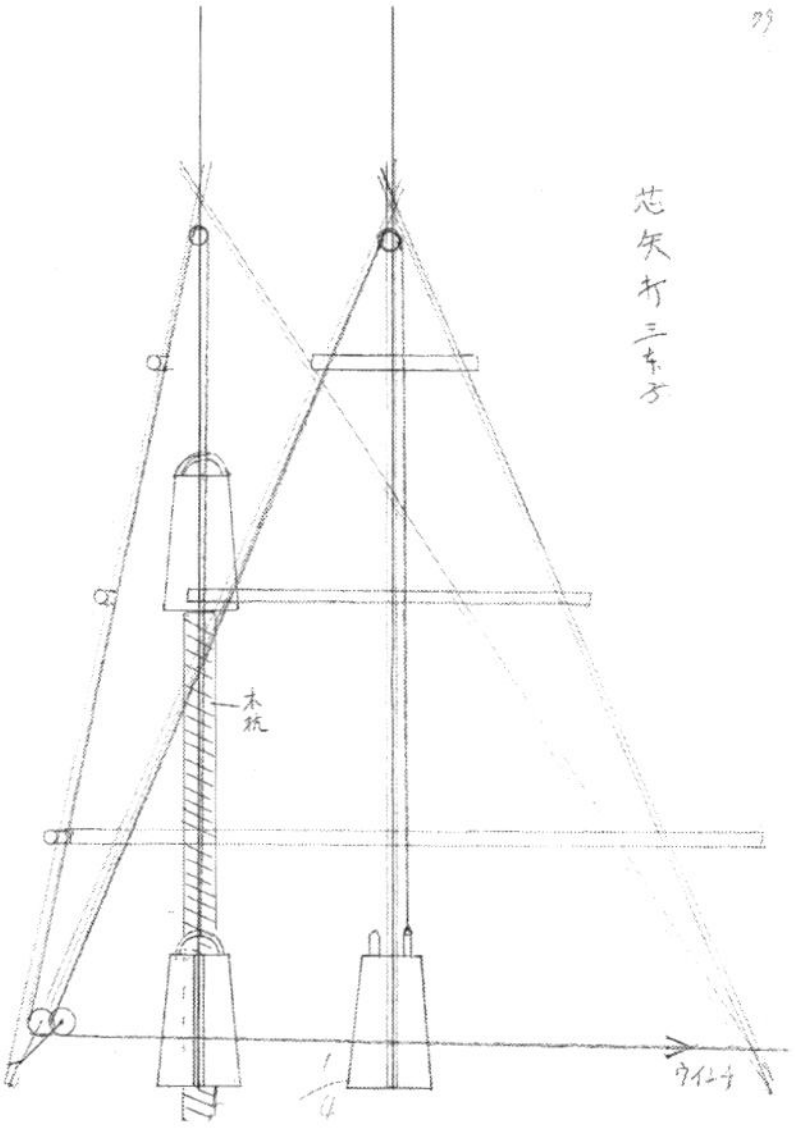

芯矢打の図面（坂野・画）

　この工事で俺が用いたのは、芯矢《しんや》打ちという機械で重りを上げ下げして、杭を打ち込む方法だった。

　北側を受け持ったのは元請けのＫ工務店である。彼らは俺たちの芯矢打ちとちがって、丸太の杭に足を三本付け、三人がかりで「よいしょ、よいしょ」と打ち込む、昔ながらの

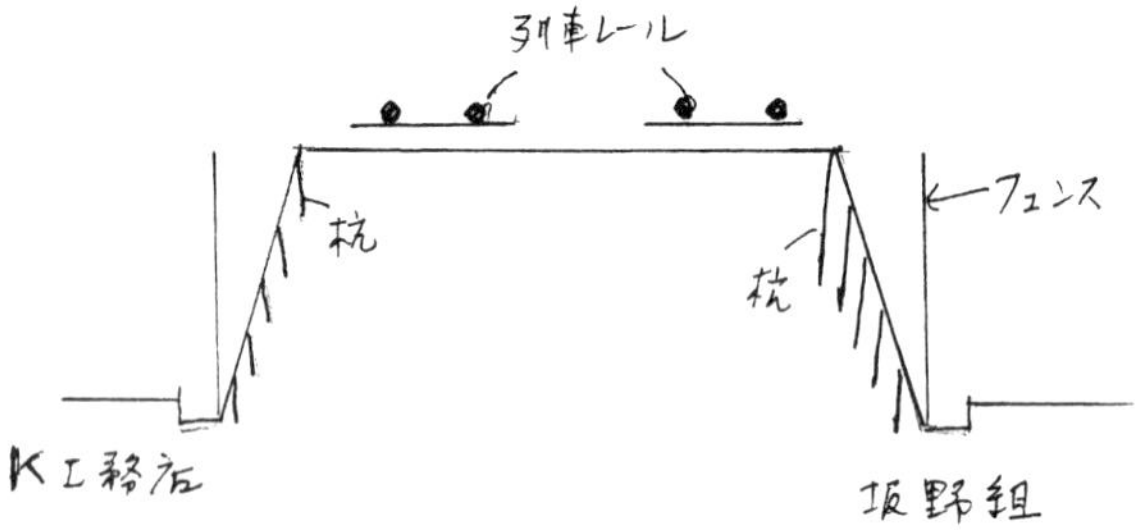

新幹線堤防の杭打図（坂野・画）

人力工法をやっていた。これでは労働者は疲れるし、時間もかかる。ところが不思議なことが起こった。

　俺たち南面組と同時に杭打ちにかかって、しかも人力工法だというのに、K工務店のスピードは落ちることなく、俺たちの機械工法に負けないでついてくる。

「あいつら、ようやるじゃないか」

　俺はびっくりした。よほど選《え》りすぐりの力持ちを揃えたのかと思った。

　しかし工事が終わって、検査がはじまるとK工務店の手抜きがばれた。二メートルから二・五メートル長さの杭を打ち込まねばならないところを、一・五メートルくらいの、短い杭を打ち込んでいたのだ。道理で、俺たち機械打ちに負けないくらいのスピードが、出せたわけだ。

検査は当然、俺たちの組にも来ると思っていたが、坂野組は検査なしでOKが出た。検査員はちゃんと見るべきところを見ていたのだろう。

K工務店は、一からやり直しを命じられたばかりでなく、工期が遅れたことの罰金や延滞金まで取られて、破産してしまった。

仕事は正直にやらなければ、天のしっぺ返しがあるという見本。

岐阜の公民館を建てる

岐阜県S郡の公民館を建てるという話が来たのは、俺が二十歳のころだった。例によって、Y組の親方から仕事をまかされ、六人の若い衆を連れて現場へ向かった。

まず、村役場の人の案内で、村の豪農らしい農家へ連れていかれ、宿舎となる納屋を見せられ、それから、めし炊き、掃除、洗濯など身のまわりの世話をしてくれるという、年のころ四十前後の女性に引き合わされた。

早速、基礎のコンクリート打ちをはじめる。まず掘方《ほりかた》。栗石《ぐりいし》、砂利敷、大棒突き、捨石を突く。そこへ捨コンクリートをして墨壷で線を引く。線に合わせて型枠を据付け、地中張りコンクリートを打つ。型枠を取ってから埋め戻す。地均《じなら》しする。

基礎が出来、木造建築の建方に入る。その前に外部に足場を組む。大工が削った柱を配り、立てる。梁を差し込む。二階の梁も差し込む。

二階にボーズを立て、合掌《がっしょう》（屋根）を組立てる。合掌が揚がる。棟木《むなぎ》を仕組む。これで棟上げが済む。

上棟式《じょうとうしき》となり、村長はじめ村のお歴々が集まってきて、神主のお祓《はら》いをうける。村長が祝詞《のりと》を読み、いよいよ宴会になる。

俺は棟にあがって祝いの纏《まとい》を振り、木遣《や》りを唄いながら地上へ降りて、席に着くとまた伊勢音頭や木遣り崩しなどを唄う。一曲唄うたびに拍手が起こり、座が盛りあがる。

工事そのものは、このまま順調に進んでゆくのだが、その裏で、まずいことが起きた。工事の関係者でもある村の偉いさんの娘が、行方知れずになったのだ。どうやら家出らしい。

（まずいぞ）

と俺は少し困った。

実はその娘さん（といっても人妻だが）に、俺は上棟式のあとでひそかに呼び出されて、口説かれていた。

彼女は先頃、親のすすめで婿《むこ》を取ったが、その婿がどうにも気に入らない。働き者ではあるけれど、横を向けと言えば半日でも横を向いている、頼りない男だそうで、くらべて「坂野さんは」法被に手甲、ニッカズボン（裾口をくった、ゆったりした作業用ズボン）に五女子足袋《ごにょうしたび》、白の鉢巻というスタイル。そんな威勢のよさに惚れたと言う。

俺は若さも手伝って、いい気分で彼女を慰めた。

俺を誘ったのは、彼女だけではなかった。朝方、仕事にかかる前に若い衆に段取りを指示していると、十五～六と思われる娘っ子から、二十代三十代の女性までが、

「今夜、うちの風呂に入りに来て下さい」

と誘ってきたものだ。

かといって家出は俺のあずかり知らぬことだ。

公民館も完成間近になったある日、娘に家出されて頭をかかえている偉いさんが、我が家まで出向いて来て、

「坂野さん、あんたがうちの娘を連れ出したんじゃないか」

と俺に言った。

「衆人環視の中で、どうやって連れ出せますか」

と俺は返した。

「警察に言って捜してもらったらどうです」

偉いさんは肩を落としてもどっていった。後ろ姿が寂しげだった。

一宮の女ボス

かつて一宮は紡績業がさかんで、機械がガチャンと一回音を立てるたびに「万」の金が儲《もう》かるので「ガチャ万景気」と言われ賑やかな町だった。

二十歳の頃、その一宮で紡績工場を増築する仕事を頼まれた。俺は気心の知れた仲間を五人引き連れ、I紡績に住み込みで工事に入ることになった。

工場では総勢三百人もの女工が昼夜交代で働いていて、どこを見ても女の人ばかり。その中にひとり、ずいぶん体の大きな女性がいた。態度もでかくて、女工にあれこれ指図を出している。その時はわからなかったが、この女は一宮界隈《かいわい》の女工の親分だったようだ。

一緒に仕事に来ていた俺の一つ下の若松さんが、この女ボスと仲良くなり、しょっちゅうふたりで話をしていた。彼は顔は二枚目で、いつもニコニコしながら仕事をこなし、周囲の評判も良い男だった。俺の言うことは何でも聞いてくれる、ありがたい友だちだ。ところが彼は、なぜか「世話役をしてる兄貴分があなたに気があるようだ」と女ボスに吹きこんでいた。若松さんにしてみれば、ただ彼女が喜ぶような話をこしらえただけだったようだが、毎日そんな話を聞かされた女ボスは、だんだんその気になってしまった。

ボスの俺を見る目が変わってきたことに、俺は全然気づいていなかった。最初から根も葉もない話で、女ボスとは口をきいたこともなかったし、その時俺は紡績工場の専務の娘に目が行っていてそれどころではなかったからだ。

専務の娘は高校三年生で、工場の向かいに建っている自宅の勉強部屋から俺たちの仕事ぶりを毎日眺めていた。目が合うと、手を振って愛嬌を振りまいてきた。俺はみんなに仕事を言いつけて、自分だけ彼女の近くまで行って話しかけたりしたものだ。約一カ月の工期も終わりに近づくころにはずいぶん親しくなって、映画に行く約束までしたが、俺も忙しくて結局そのままになってしまった。

一宮から引き上げて二日後の夕方、女ボスが突然俺の家にやって来た。上は白のブラウス、下は細身の白いズボン、布カバンも白でキメていた。驚いて用件を訊《き》くと、あなたに会いに来たと言う。家に上げるのもはばかられ、俺は彼女を裏のお寺に連れて行った。どんな訳かと問いただすと、女ボスは、あなたが私に惚れているようだから会いに来たのだ、と言う。俺はまたまたびっくりした。

必死で、そんなことは全然ない、誤解だと否定したが、若松さんにさんざんデタラメを聞かされてきた女ボスは、聞き入れない。わたしと一緒になろうと迫る。俺は困った。お寺の境内に近所の人たちが、二人、三人とやって来た。田舎の人間には白ずくめの女ボスのファッションが珍しく、相手はいったいどんな野郎かと見物に出てきたのだ。

俺は恥ずかしくてならなかった。冷や汗をかきかき、とにかく俺にそんな気はないと、強く言ってやった。

すると女ボスは、本堂の濡れ縁に座り込んで足を組み、カバンから煙草を出して、立て続けにすぱすぱ吸いはじめた。

当時女はあまり人前で煙草を吸ったりしなかったから、俺はその仕草に内心呆《あき》れてしまった。野次馬たちも驚きの目で女ボスを見ていた。煙草を吸い終えると、それまでの威勢はどこへやら、女ボスはしょんぼりと帰って行った。俺は難を逃れたことにほっとして、この時はまったく女ボスに同情することはなかった。

若松さん（右）と筆者

つい最近のことだが、五十年ぶりに若松さんを訪ねた。本人はデイサービスに行っていて留守だったが、待たせてもらった。二時間ほど奥さんと話し込んでいるところに、若松さんが帰ってきた。俺は昔話ついでに、一宮の女ボスの一件を持ち出した。若松さんは、そんなこともあったかなと、あまりよく憶えていないようだった。当時、女ボスもまだ二十歳そこそこだったはず。花も恥じらう年頃だ。今思えば、あんなふうに恥をかかせてしまうとは、俺たちも若かったと言うしかない。

H建設のこと

H建設は設立のいきさつからして、おかしなものだった。

俺がまだY組にいたころだ。その朝も、単車をとばして味美《あじよし》の現場へ着くと、人が動いていない。どうなっているのかと訊くと、下請の親方が、わしらの給料を持って逃げたと言う。これでは職人は働けない。俺としても困る。

俺の雇主、Y組の親方に相談した。

「その組には、所帯持ちはいないか」

と訊《き》かれた。

「女房と子供三人持ちのHという者がいます」

「では、そいつをその組の親方にして、仕事をつづけさせろ」

所帯持ちなら、簡単には逃げたりしないだろうと、Y親方は考えたのだ。

そこでHをにわか親方にしてH建設を立ちあげ、仕事を続けることになったが、何をどうするか、仕事の手順もろくすっぽ知らない者ばかり。仕方なく、いちいち俺が教え、先頭に立って残りを仕上げた。

その後、何年かたったある日、新聞にH建設のことが大きく出た。「昭和のタコ部屋」という見出しだった。H建設では、従業員が仕事を休んだり、辞めたいと言うと、親方がその者の耳朶《みみたぶ》や手にたばこの火を押しつけて、仕事を無理強《じ》いする。隙《すき》をみて逃げ出した従業員が、何度も新聞社に電話を入れて訴えたので、新聞も調査に乗り出し、事実が発覚したのであった。そうして、さらにその後、新聞がとりあげたおかげで、H建設の状況は改善されたと聞いた。

現在は二人の息子さんが社名を変え、社長と副社長として、順調に事業を展開しておられる。

現場回りの衣装

桑名の東海精糖での教訓

東海精糖の鉄骨七階建の仕事をしたときは、とんでもない副産物をもらう羽目になった。もちろん責任は自分自身にある。

俺はY組の親方から五人の若い衆をまかされて、桑名へ出張した。

仕事は何の支障もなく順調に進んだ。ただ、元請けの宮地鉄工の白田正二郎さんが、七階へ、工事の進み具合を見るために登ってきたとき、ボーズのワイヤーに跳《は》ねとばされ、一階下の丸太の上で横たわったまま動かない、という事故が発生したが、跳ねとばされたショックで、しばらく起きあがれなかっただけで済んだ。

副産物は砂糖にあった。砂糖はなかなか手に入らない貴重品、という時代だった。甘い物に飢えていた。

工場内を通っているパイプを、精糖前のどろどろの砂糖が流れてゆく際、一部がパイプの内側にこびり着き、そのまま固まったりする。それが何度も重なっているうちに、ちょっとした塊《かたまり》になる。

あるとき、Y組の者だったか、元請けの従業員だったか、何気なくパイプを叩いたら、砂糖の塊がコロリと出てきた。

口に入れてみると「うまい！」。皆に知らせた。皆大喜びでパイプを叩いて、転がり出る砂糖の塊をむさぼった。俺も食べた。

その場で頬張るだけにしておけばよかったのに、三時の休憩時にも茶菓子にし、宿舎にも持ち帰って食べ、工事が完了して引揚げるときには、土産にして持ち帰った。

それが祟《たた》った。その後二カ月ほどして胃が痛みだし、病院へ行くと肝臓が悪くなっているといわれ、三カ月も仕事を休む羽目になった。肝臓に良いという蜆《しじみ》を毎日食べて、なんとか治ったが、子供のころ父親と一緒に田圃の草取りをしていたとき、「仕事は前が読めなければ怪我をする」と、父親が繰り返し呟《つぶや》いていたのを、思い出した。

村の鎮守様の鳥居の移動

伊勢湾台風から三年くらい後のことだった。

南陽村（現藤高新田）の役員から、鎮守の社の鳥居を移動してくれないか、という話がきた。一帯の区画整理で鳥居がひっかかった。六メートルほど、神社の方へ寄せてもらいたい、というのだった。

家屋の移動なら何度も手がけた経験がある。鉄筋コンクリートの建物を、枕木とレールとジャッキで、移動させたこともある。しかし、鳥居のような安定のとりにくい物を、果たして安易に引き受けてよいかどうか、迷った。

もし移動中に倒れでもしたら、怪我人は出なかったとしても、鳥居のほうはどうなる。脚が折れでもしたら、一本だけ取り換えるわけにはいくまい。全部こちら持ちで弁償せにゃなるまい。いやいや、そんなことが起こらなかったとしても、あの不安定なものを、どうやって移動させる。

そもそも高さ五メートルもあるあの鳥居は、誰がどうやってあそこに建てたのか。あれを建てたときは、起重機など何もなかったはずだ。それを先人はやってのけただ。そうだ、先人に出来て俺に出来ないはずはない。逃げたりしては男の恥だ。しかも事は俺の郷里の依頼だ。断るわけにはいかぬ。

あれやこれや一晩考えて、

「やりましょう」

と返事した。

まず、鳥居の両足元に保護タイヤを巻き付け、針金で縛る。次に両脚にH鋼を渡して、ボルトで締め付ける。頭から足元まで丸太を筋交《か》いに渡して、針金で縛る。

さらに二股《ふたまた》で、前後にトラワイヤー、アンカー、三屯吊りチェンブロックを取り付け、台付ワイヤーを取り付けて、チェンブロックを巻く。鳥居がじわじわと上がってくる。地上すれすれまで上がったところで、二股を傾け、鳥居を移動させる。トラワイヤーを締め付ける。

この繰り返しで、移すべき所定の位置へ運んだ。そこには既に、直径六十センチ、深

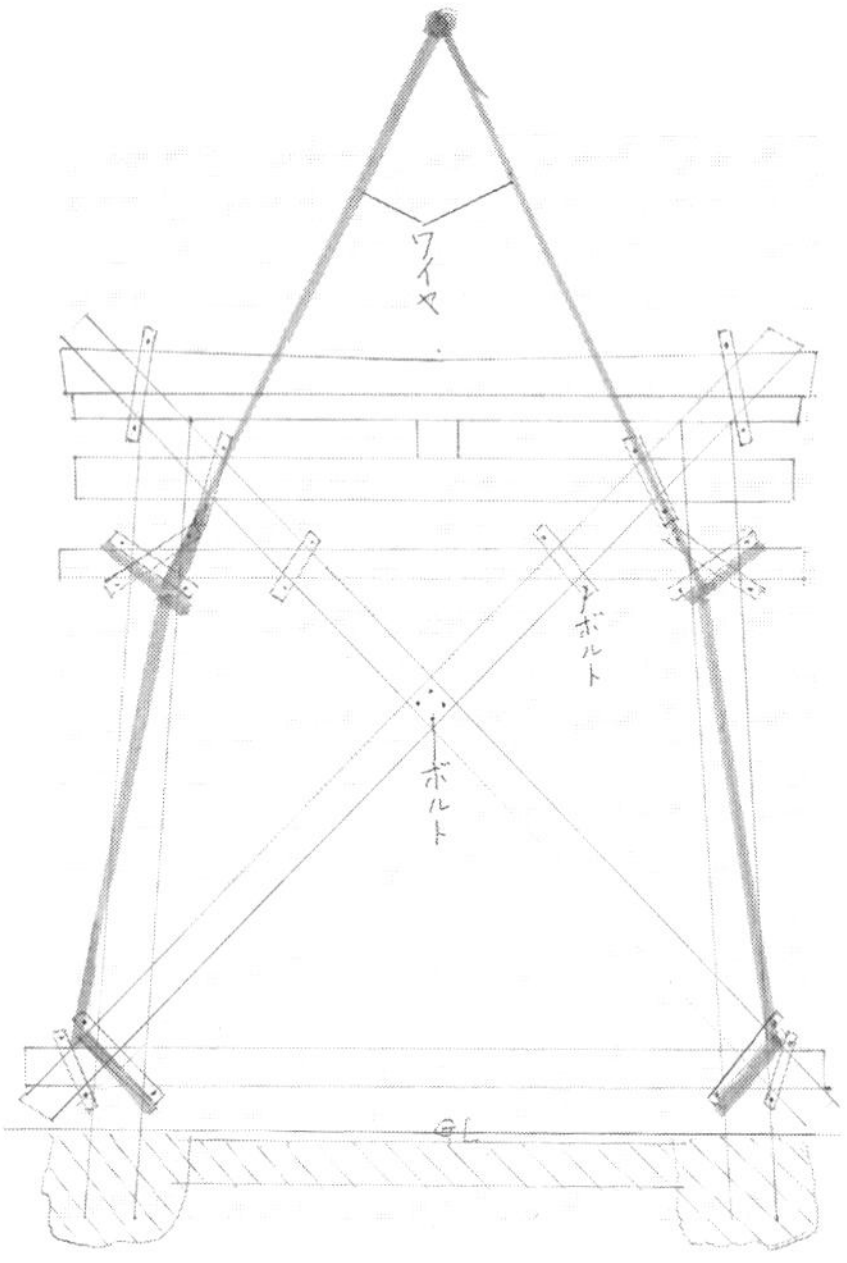

鳥居移動のための図面（坂野・画）

さ七十センチの穴が掘ってあり、そこへコンクリートを入れ、鳥居の足をゆっくり下ろしてゆく。コンクリートを均《なら》し、水平、垂直を正す。

二日後に二股を解体して完了。無事に移動出来た。万歳だ。

後日、役員が移動の代金を聞きに来た。

「郷里のためにしたことだから、金は要りません」

と俺は断った。

役員は礼を言って帰った。俺はたった一つでも郷里の役に立てたのが嬉しかった。

その鳥居は、いまも立派に立っている。

小牧の石鹸工場で

小牧にある石鹸《せっけん》工場の屋上（四階）に、直径四メートル、高さ三メートル、重さ三・五屯の油タンクを揚げたときは痛快だった。昭和三十三年で、まだクレーンなどなかった時代である。

頼みにきた鉄工所の人も心配顔だった。俺も一瞬戸惑った。

（さて、どうする）

だが、それをなんとかするのが俺の誇りというもの。よし、やろう。

二十五メートル鉄骨のジンボーズを組立て、滑車を組立て、台付ワイヤー、トラワイヤー、アンカーを六カ所に配置する。ウインチ三段巻も据付けて、段取り完成。

鉄工所からトラックに乗った油タンクが到着すると、そのまま屋上へ吊り揚げ、トラワイヤーを、「もうチョイ、もうチョイ」と合図で引かせ、所定の位置に降ろし、あとは据

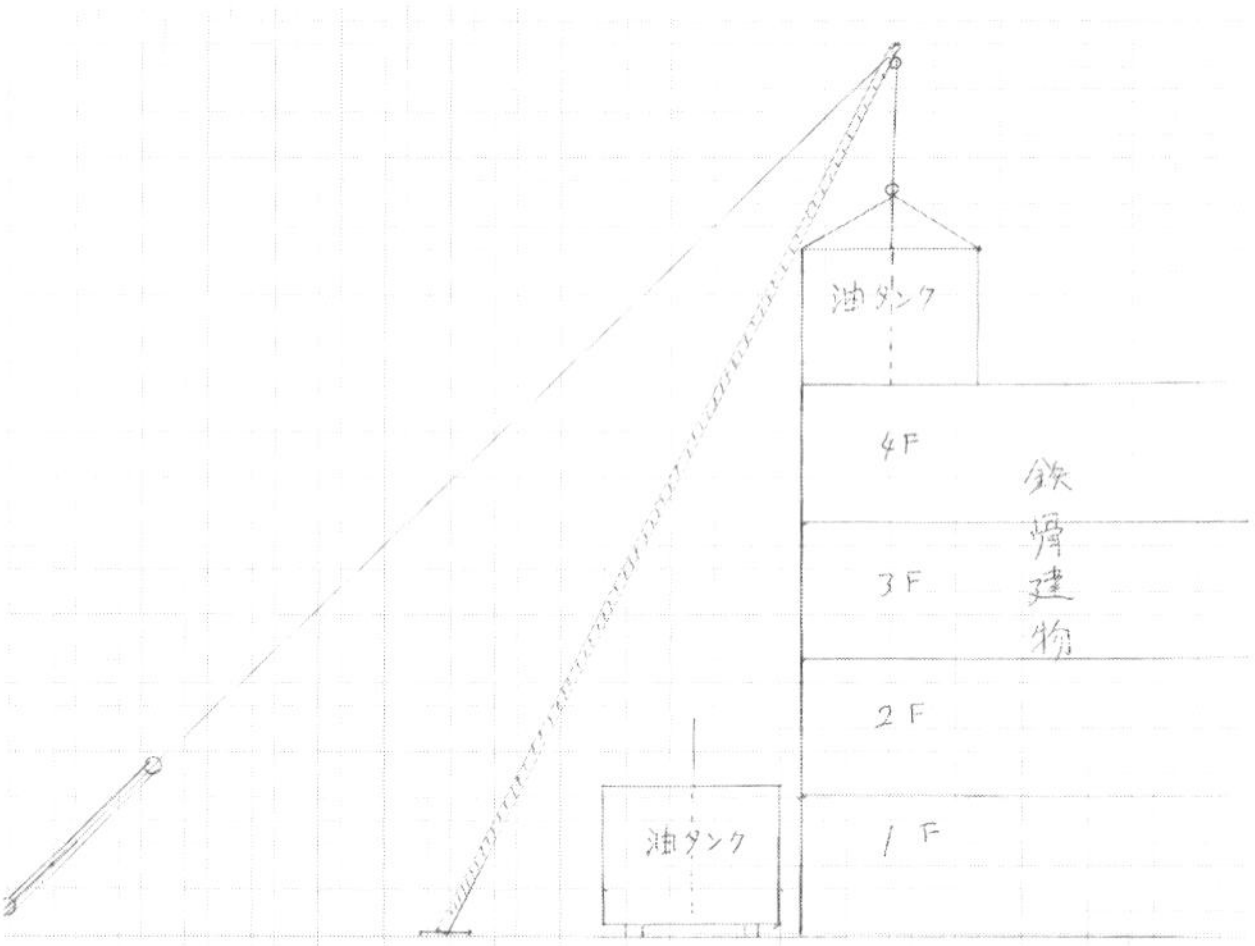

石鹸工場屋上へ油タンクを引き揚げる（坂野・画）

付けて完了だ。

石鹸工場の人も鉄工所の人も拍手して、

「もっと大ごとかと思っていた」

と感嘆していたが、俺の工夫で、見た目は簡単に出来たのだ。鳶の仕事は即座の判断と動作できまる。そしてきまったときの達成感は忘れられない。ビールがうまい！

東名高速道防音壁の基礎工事

東名高速道路両側の、防音壁の基礎工事の話が、道路公団から坂野組に舞い込んだ。場所は静岡の三ケ日（東名）から栗東《りっとう》（名神）まで、長距離だ。そこへ、直径六十センチ、長さ四～五メートルの鋼管杭を打ち込む仕事だ。一本打ち込むごとに一万五千円。手落ちなくやり遂げれば坂野組の名もあがり、儲かる。

「やらせてもらいますわ」

そう返答して、条件を出した。

一、杭打機は当社のを使用するが、これは毎朝現場へ持ち込んで、夕方持ち帰る。

二、鋼管杭の持ち込みと配置は、元請けがしてくれること。

三、工事現場の道路へ出入りする証明書を出してくれること。

すべてOKをとった。

工事はユニック社製の八・五屯車でやることにした。我が社にはこれが二台あった。

当時の杭打機はキャタピラの機械しかなくて、これだと、まず部品を運ぶ四屯車と、それを運ぶトレーラーが要《い》る。現場に着いて、部品をセットするのに一時間かかる。何本か杭を打ち、夕方にはセットした部品を解体して、また四屯車に積み、トレーラーで運ぶ。そうなると五時には現場を出なければならないし、翌日は夜のうちに、キャタピラの杭打機械を出さなければならず、これでは仕事にならない。

その点、我が社の機械はトラッククレーンだから、運転手と手元の人員だけで済む。現場に着けば、すぐ杭打ちにかかれる。これなら一日に二十本くらい打ち込める計算だ。

ただ一つ、ウインチの弱いのが欠点だった。そこで、ウインチの会社を捜した。熊本に、集材機の有名な会社が見つかった。電話を入れると、設計部長の志垣という人が出た。貴社のウインチが入り用だがと話をすると、電話では詳しい話が出来ないから、次の土日にかけて名古屋へ行くので、直接話がしたいと言う。

当日、名古屋駅で待ち合わせ、俺の入用《いりよう》なウインチが出来るかどうか、設計図を見せていろいろ質問しているうちに、志垣君は思いがけないことを言いだした。

「坂野社長さん、私は会社を辞めますから、このウインチを、私に作らせてもらえませんか」

「あんたに出来るのか」

「それは私も一応、いまの会社で設計部長をやっていますから」

自信ありげな口調に、俺はそれも面白いなと思った。

「では今夜は我が社に泊まりたまえ。明日また話をすることにして、きょうは今からクラブへ行こう」

志垣君を誘ってクラブで食事をし、歌を歌って一夜を過ごした。

翌日、話のつづきをしているうちに話がふくらんで、会社が一つ生まれることになった。社名は株式会社聖晃《せいこう》エンジニアリング。社長は志垣君。副社長は彼の奥さん。専務は彼の知人で、熊本NHKのディレクターで本田とかいう人物。俺は二百万円出資して役員になり、本社は熊本市水前寺公園に置いた。機械は一台売るごとに、特許料として俺が三百万円もらう約束だった。

何かがはじまるときは、こんなものだ。とんとん拍子に事が運んで、いよいよ熊本で機械の製作が始動した。

V18のアタッチメント、無騒音・無振動の万能杭打ち機「VT100」

「V18」のパンフレット

　熊本の動きに合わせて、俺は名古屋に新しい住居を建てるための、土地捜しに入った。家はすでにアパートを持っていたが、そこはいまある機械で満杯で、熊本から送られてくる新たな機械を置く余地がない。

　なにしろ総重量二十屯にもなろうかという機械である。それを自由に出入りさせるには、広い道路に面している必要がある。

　さいわいにも、名四国道と幹線道路に沿った、角地の田圃百三十坪があると聞き、所有者の宝神町組合に掛け合いに行った。手に入った。

　当時は建設ラッシュで、残土はいく

らでも手に入った。それで田圃を埋め、二階建てのバラックを建てた。一階は資材置場。二階は住居。事務員も近所の人が見つかった。ペキニーズという犬も飼うことになった。目が大きくて人なつこい犬だった。

ほぼ時を同じくして、聖晃エンジニアリングから一号機が届いた。オーガ装着機だ。試し打ちをしてみると、何カ所か欠点がある。改良して《V18》と命名し、実用新案登録願を出した。昭和四十九年だった。

いよいよ東名高速道路の工事へ、出発進行だ。無震動無騒音の杭打ちがはじまった。機械一台で一日に二十本から二十五本の杭が打てた。予想以上の速度だ。まわりの人が驚く。評判を聞きつけた他社の人が、県内外から見学にやって来た。とうとうNHKやCBCテレビまで取材に来て、夕方のニュースに流してくれた。

機械も次々と売れた。高額で、有名な会社の機械さえなかなか売れない時代に、《V18》は五十八台も売れた。

海底に送水管を通す

《V18》のおかげで、坂野組に広く他県からも次々と仕事が舞い込むようになった。

これは県内の話だが、さまざまな仕事が舞い込むようになったおかげで、懐かしい人にも出会えた余得話だ。

知多半島の師崎《もろざき》、篠島、日間賀島《ひまかじま》に水道を引くために、師崎小学校の上空に、ケーブルを張るというのが、このとき俺の受けた仕事だった。小学校は前面が海に面し、左右背後を山に囲まれていた。その左右の山に、資材運搬用のケーブルを張るのである。

ケーブル張りはお手のものだ。初日の仕事を終えて、宿泊所に当てられた料理旅館へ入ると、現れた女将《おかみ》が「あら？」と言う。俺も「あんたは……」だ。

女将は、元知多バスの車掌だった。俺がまだ㊺の兄の仕事を手伝っていたころだ。缶に入れた魚を、毎日バスで名鉄の河和《こうわ》駅まで運んでいて、可愛らしい車掌の彼女と顔をあわせ、「おはよう」「気をつけて行ってらっしゃい」と声を掛けあっていたのだ。

お互い奇遇を喜びあって握手。世の中こんなこともあるから楽しい。

尾西の浄水槽工事

次に、飛島建設から、尾西市《びさい》の仕事がきた。直径三十五メートルの浄水槽の中心に、口径三十五センチ、長さ十二メートルの、攪拌《かくはん》装置用のコンクリート杭を四本打ち込む仕事である。

尾西市の予算は二百万円とのこと。

最初、飛島建設は、名古屋と岐阜、三重の会社六社に見積りを出させたという。ところが六社とも五百から六百万の見積りを出してきた。飛島は困って、俺に助けを求めてきたというわけだ。

俺は現場を見に行って、

レッカー車を宙吊りにして水槽に下ろす

「やりましょう。市の予算二百万のうち二十万をそちらにあげよう。俺は百八十万でやりますよ」

「え、本当にそれで出来ますか」

飛島の監督は半信半疑の面持ちだった。

「大丈夫。引き受けた以上、やりますよ。これから段取りをしますから、一日待って下さい」

そう言って名古屋へもどり、一日がかりで段取りをして、翌朝、若い衆三人を連れて尾西の現場へ行き、レッカー車をそのまま浄水槽へ吊り降ろし、すぐさま杭打ちの準備に入る。オーガ（錐《きり》）で揉《も》み、杭を立て込む。モンケンでとんとんと入ってゆく。すべて無震動無騒音だ。

午前中で三本打ち込んだ。昼食をとり、午後に残りの一本を打ち込んで以上終わり。尾西の役所の人も、飛島の監督さんも、目をぱちくり。レッカー車をそのまま水槽へ吊り降ろすところから、すべて新機軸で意表をつかれたと言う。俺としては、いつものことで、ちょっと頭をひねっただけだ。ただ、他人と同じことをやっていたのでは、同じめししか食えないし、同じところで躓《つまづ》くのだ。

そうして後片付けに一日ついやして、名古屋での段取りもふくめて、結局三日で仕上げた勘定だ。手間賃も俺と若い衆三人の計四人の三日分。十二人で出来たわけだ。百八十万の収入で損はない。

浄水槽工事

新日鉄の岸壁護岸工事

東海市にある新日鉄の護岸工事の話がきた。五洋建設からの依頼だった。敷地の岸壁から十二メートルの先に、口径六十センチ、長さ二十六メートルの鋼管杭を、五十本打ち込みたいが、良い方法はないかと訊かれた。つまり岸壁を拡張しようという話だ。海中に杭を打つとなれば、台船を用意しなければならないから、高額の費用になる、というのが他の杭打業者の回答だとか。

俺は言った。

「まあ、実際いくらかかるのか、その業者から見積りを取って下さい。俺はその半分でやりますよ」

そうして俺の出番になった。

先ず、三重《みえ》重機に八十屯クレーンが空いているかどうかを問い合わせる。折りよく空いていて、安く借りられた。

そのクレーンを、新日鉄敷地の岸壁に据え、十七メートルまで延び縮みするキャッチホークを、現場で組み立てる。そこから十二メートル先の海中へ、三十メートルまでのび

東海市の新日鉄護岸工事

るブームをのばし、六十センチ×二十六メートル一本物を立て込む。さらに十八メートルのH鋼を打ち込み、それを基本にして何本か立て込む。

そうしていよいよ本杭をジーゼルハンマーとリーダーで打ちだす。垂直にレベルを見ながら進める。順調に進んだ。五十本みごと一列に打ち終えて、所長さんに見せると、

「坂野さん、こんな方法をどうやって考え出したのですか」

と驚いていた。

俺は涼しい顔で、

「こんなのは簡単ですよ」

中部電力高辻の現場で

猿も木から落ちるというが、俺は地下三・五メートルへ落ちた。

中部電力の高辻営業所の新築工事現場だった。俺は他の用を済ませて、高辻の現場へ

廻った。現場ではヘルメット着用だ。当然俺もヘルメットをかぶり、《VSC工法》（境界ぎりぎりに建物を建てる工法）で掘削土留した内部を確認しようと、穴のへりに足を進めた。穴の縁にはH鋼が置かれていた。それをまたいだところにボルトがあった。俺は気付かずに、そのボルトの上に足を乗せてしまい、すべった。

頭から一回転して背中から落ちた。しばらくは「う、う」と唸《うな》っていた。中電の現場監督やバンノ興業の従業員が集まってきて、あれこれ声を掛けるが、俺は返事も出来ない。監督が救急車を呼ぼうかと訊《き》くので、手で要らないと答え、ひたすら耐えた。

三十分もしただろうか。ようやく気分がもどった。立ちあがってみる。なんともない。痛みもないし、手足も動く。皆、信じられないという顔付きで、俺を見ていた。地上から地下へ、三・五メートルも転落したのに、怪我ひとつないのだから、俺自身驚きだった。

俺の実家の近くに住んでいる人で、掘削機《くっさくき》に押され、とっさに自分から二メートル下へとび降りて腰を痛め、三十年も病院に通い、いまだに労災保険で生活している。そうしてみると俺は本当に運がよかった。落ちたところに石塊《いしくれ》でもあったら、脊髄《せきずい》骨折か首でも痛めていたかも知れない。九死に一生を得るとはこのことか。

建設業界のモラルを問う

俺は自分の頭で考えて開発した建設機械で、一九〇余の特許を取ったが、そのなかで最も多く特許権の侵害を受けたのは、《VSC工法》（正逆転爪付ヘラ形スクイ型ビット　ドイツ意匠登録第M9204895 1）機械だ。

この工法は、境界線上に土留め施工が可能になる、画期的新工法だった。それだけに特許が下りた時は感無量の心地がして、記念品として特注のバッジ、カウス、バックルの三点セットを作り、社員、親戚、VSC関係者一同、計百二十人に進呈した。それほど思い入れの深いものであった。

記念の３点セット

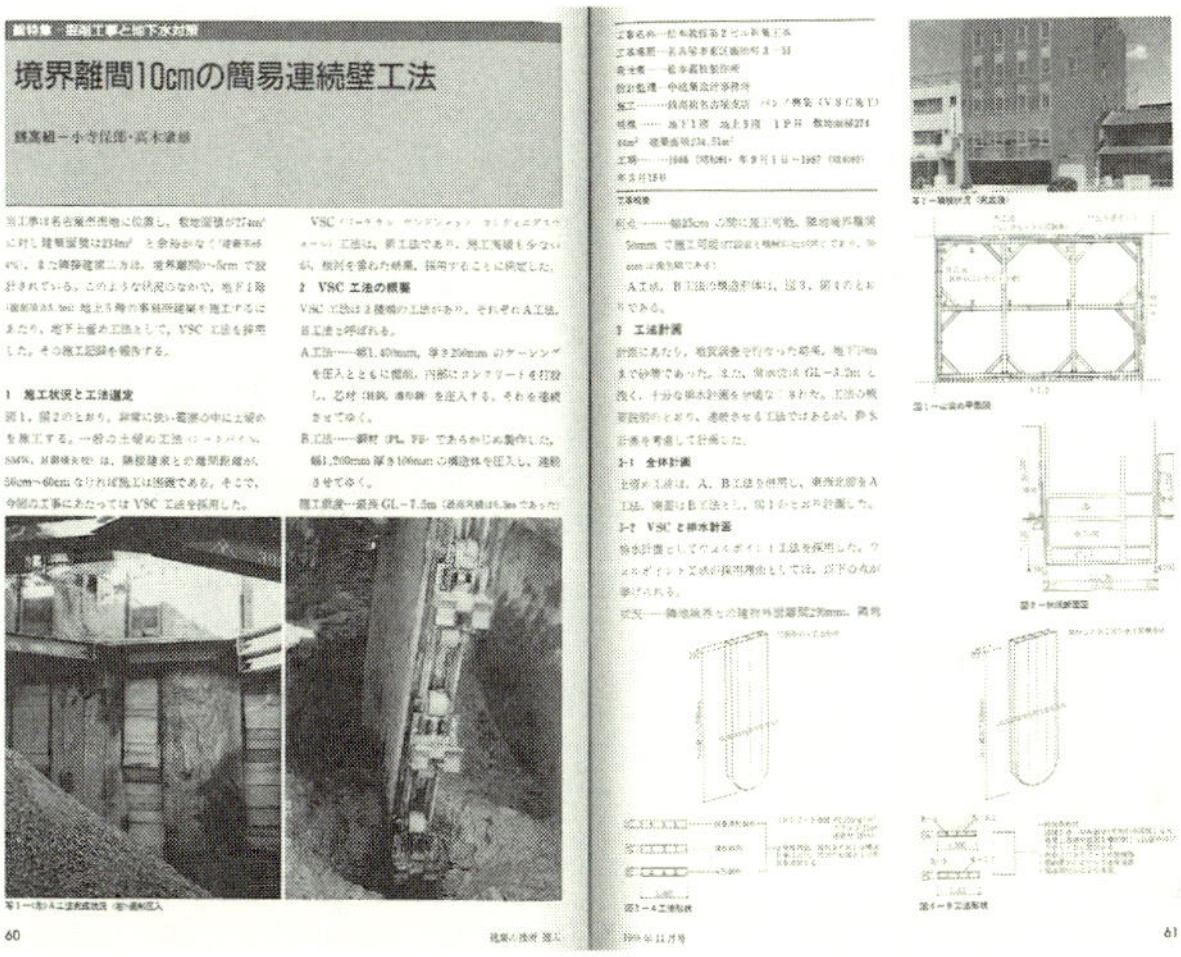
境界離間10cmの簡易連続壁工法

専門誌にも取り上げられた「VSC 工法」（『施工』1988 年 11 月号）

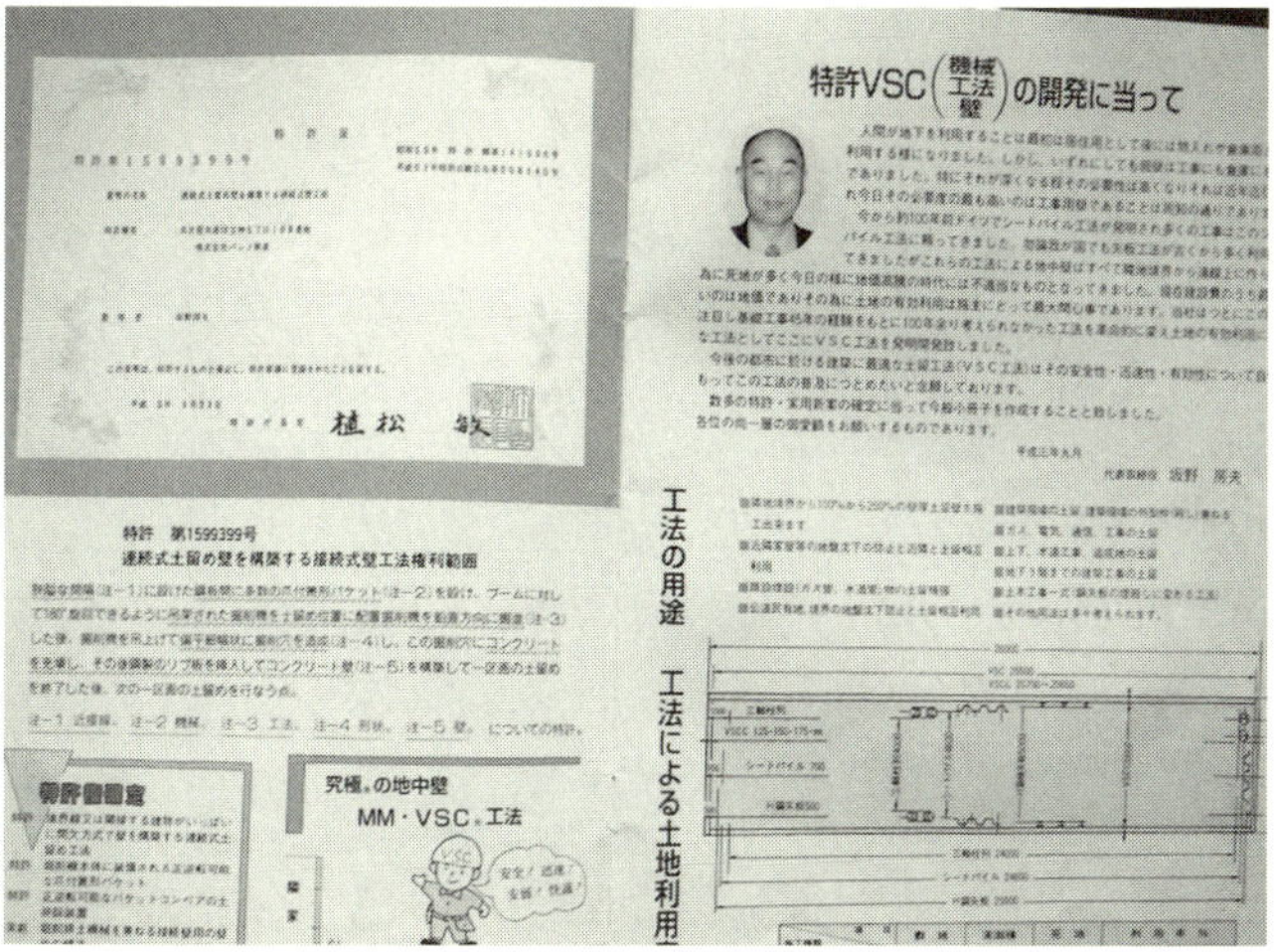
特許VSC（機械工法壁）の開発に当って

特許　第1599399号
連続式土留め壁を構築する接続式壁工法権利範囲

工法の用途　工法による土地利用

究極の地中壁
MM・VSC工法

「VSC 工法」の特許証

スーパー油圧ハンマー「VS85」

「VSC 工法」の施工写真

俺は腹に据えかねて、侵害当事者の業者四十八社に、○月○日○時に指定の場所へ出頭されたい、と内容証明付文書を送った。昭和六十年のことだ。

その日、集まった業者を前に、俺は演壇に立ち、業界のモラルを問い、特許登録証を示して「どうしてくれるか」と、返答を迫った。大手の会社は、内々にして下さいと答えたが、中小の業者は「坂野さんの気の済むようにしてくれ」と開き直った。

俺は、今日の結果を参考にして、今後の始末を考えさせてもらう、とひとまず解散した。

その後、大手五社からそれぞれ謝罪金が寄せられたが、中小の会社は依然として知らん顔だ。強腰に出ることも考えたが、逆恨みを買うだけだと思い、捨て置いてある。

《VSC工法》については、もう一つ苦い思い出がある。境界ぎりぎりまで建物を建てられるこの特許工法を使えば、施主はずいぶん土地が浮く。浮いた土地が生む利益に対して、受益権を主張できると聞いたのだ。

名古屋、栄にミキハウスがビルを建てた頃、土地の値段が跳ね上がって、一気に坪五千万円になった。《VSC工法》を使えば、このビルなら一階あたり十坪程度土地が浮く。十階建てなら百坪だ。お金に直せば一階あたり五億、十階で五十億――、莫大な金が浮く計算になる。その受益権を主張出来ていたらと思うと……。

しかし当時の俺は、そんなことは全然知らなかった。いや、聞いたような覚えはあるのだが、意に介していなかった。これは、おれが馬鹿だった。

「ジャパンＯＸ」設立

ある日、三重県の松阪から佐藤と名乗る男がやって来た。

「私は長年、電気の研究をしてきましたが、このたび世の中の人に喜んでもらえる物を、発明しました。しかしこれを商品化する資金がありません。坂野さん一緒に会社を設立して、共同で商売をしてくれませんか」

そう言って、試作品を見せてくれた。三十センチほどの四角いケースの中に、紡錘《ぼうすい》形のオゾン発生機を取り付けた物で、電気を通すと、オゾン発生機から青い光線が走り、ケースにあけられた二センチほどの穴から、オゾンが放出される仕組である。

これを車のエンジンに装着すると、燃費が軽減するという。

面白そうだ、やってみよう。

品名を《ＯＸ１《オックスワン》》と名付け、株式会社ジャパンＯＸ《オックス》という会社を立ち上げた。宣伝のため、名古屋の名鉄グランドホテルを、三日間借りて説明会を開く手配をする。

その一方、カタログを作るため東京からモデル嬢を呼んで、小牧の撮影所で写真をとる。車の低燃費が売りなので、水着姿のモデルに、車のバンパーに片足を乗せてもらい撮影する。さらに説明会当日、来場者に対しての接し方も打ち合わせる。

「ジャパンOX」発表会にて。左端が佐藤夫妻

いよいよ開会になり、俺は挨拶《あいさつ》に立った。

「只今御紹介をいただきましたジャパンオックスの坂野でございます。

本日の発表会に、多数の方々にご出席をいただきましてありがとうございます。

何事でも新しいことをはじめるということは、勇気と努力と大変な苦労のあることと存じます。

その苦労が花咲いて、今日の発表の会になったことと存じます。御関係の皆様方に心からお喜び申し上げます。

このオックスワンは、正に世の為、人の為、社会に貢献できるものと自負しております。私共ジャパンオックスと致しましても、全力投球で皆様方の御発展の為に、御協力したく考えております。

益々の御繁栄を心からお祈り申し上げて簡単ではありますが、お祝いの言葉とさせて頂きます。」

つづいて佐藤君が挨拶に立ち、商品を車に装着すると、十五パーセントから二十パーセントの、燃費が軽減するという実演をしてみせる。来場者は予想以上に多く、その場で、名古屋と知立の人から、代理店をやりたいという申し込みがあった。

上々の滑り出しだった。

しかも、それからしばらくして、思いがけない副産物が生まれた。

俺の兄嫁の弟時夫さんが、足の親指の病気で、爪が化膿《かのう》して剥《は》がれ落ちたうえに、痛みがとれない。十八年も病院に通っているのに、少しも良くならないで苦しんでいた。

俺はその話を聞いて、もしかしたらオゾンが効くのではと思い、

「この機械から吹き出す風を朝昼晩、それぞれ三十分くらい患部に当ててみなさい」

と、やり方を説明して《OX1》を兄嫁の弟さんに、貸し出した。

それから三カ月ほどたって、弟さんが元気な姿でやって来た。

「おかげで、すっかり良くなりました」

と本当に嬉しそうに礼を言ってくれた。

そういうことなら、同じ病気で苦しんでいる人の、役に立ててもらうべきだ。俺は勇んで知り合いの病院へ機械を持ち込み、院長に事の次第を話して、治療に役立てて下さいと申し込んだ。

だが院長は、果たしてその装置で壊疽《えそ》が治ったのか、時期が来て治ったのかわからない、と言って、取り上げてくれなかった。

試してみるくらいの研究心があっても、よさそうなものだが、頭の固い人は如何《いかん》ともしがたい。

時夫と兄嫁の末子

ベノトエンジニア設立

またある日、大阪からベノト工事のエンジニアがやって来て、ベノト杭工事の機械が、中古で一式五百万円で出ているという話を聞かせてくれた。ベノト機なら需要はある。俺は買うときめて、すぐ会社を起こした。株式会社ベノトエンジニアと名付けた。

ベノトとは、平たく言えば井戸掘りだ。井戸掘りにもむろん使えるが、水抜き用の機械でもあり、砂利や砂の多い地層を掘るには、欠かせない機械だ。

地下工事で水抜きが必要になったとき、そこに口径八十センチのパイプを入れて、掘りながら土を掘り出し、そこへ、口径五十センチのパイプに穴をあけ、金網を巻きつけたのを差し込んで、水中ポンプで水抜きをするのである。

これは外国からきた工法で、俺も二年ほどベノト工事をしてきたが、昔からの工法では手間がかかり、利益も少ない。そこで新式の機械を五百万円で買い、この機械を貸し出す会社を、新たに起こしたというわけだ。

会社を起こして間もなく、大手の建設会社から、ベノト機械一式借りたいとの申し込みがあった。それが呼び水になって、あちこちから借用申し込みが来た。

中川区山王橋の工事

二年ほどたって、大阪の工事会社がベノト機械を買いたいと言ってきた。しかも自分から一千二百万円と、買い値を持ち出した。俺はすでに二年間で元を引いている。断る理由はない。OKを出すと、なんと、待っていたように、五洋建設から中川区の山王橋の仕事が舞い込んだ。一期、二期、三期の工事まで、坂野さんに頼みたいと言う。

俺は迷わず、一千二百万円でベノト機を買ってくれた業者に、工事代金を告げ、話を渡した。先方は、機械を買ったとたんの活躍話に大喜び。俺も儲《もう》けて、相手も儲かる。五洋建設も儲かる。「三方よし」とはこのことだ。

知多の橋工事を救う

知多半島美浜駅西側の県道に、橋を架けるための基礎杭工事を、伊藤組が請け負い、栄春工務店が中間に入って、四日市のC社へ下請けに出した。

ところが仕事をはじめて二カ月たっても、橋の基礎杭十六本が、いまだ一本も出来ていない。完成期限が近づいているのに、どうしたものかと困り果てた伊藤組の社長が、俺にＳＯＳの電話をかけてきた。

「まあ、現場を見てみよう」

知多美浜の稲早端

俺は翌朝、約束の十時十分前に伊藤組へ出向く。社長は朝早くから社屋を出たり入ったりして待っていた。

そこで詳しい話を聞いて、

「俺がやり方を教えるから、四日市の業者は帰しなさい。心配しなくても期日には間に合わせる。社長の会社にある道具と、他に必要な機材は俺が借りてきて、やり方を教える。今日一日で準備して、明日からかかろう」

そう約束して、まだ不安顔の社長を残して自社へもどり、その日のうちに必要な機材をととのえた。

翌日、俺が用意した機材と一緒に美浜の現場へおもむき、社長に工事のやり方を一から教えた。社長も必死だ。一日で見事、基礎杭が一本出来た。

「社長さん覚えがいい。その調子、その調子。明日は二本出来るように教えるから」

そうして翌日は二本。その次は三本と増やしてゆき、期日までに契約どおり十六本の基礎杭が出来た。

社長さんは心底喜んで、坂野さんのおかげで会社が救われたと、百万円も謝礼をくれ、その後、下水溝の土留《どどめ》工事の仕事まで回してくれた。

人の難儀は見捨てぬことだ。

岡崎信用金庫のこと

岡崎信用金庫のコンピューター室新築工事の話を、小原建設の工事部長、三輪卓雄氏からもらった。地上八階、地下三階の土留工事だ。

俺のところへ名指しで仕事がきたわけは、一時期我が社で事務員として働いてくれた、松岡君のコネだった。岡信の新築を聞きつけた、大手の重機会社四～五社が、受注を狙って小原建設へ押しかけたが、三輪氏は「すべてバンノ興業にまかせてあるから、坂野さんに訊《き》いてくれ」と、取りあわなかったとか。

三輪氏（左）と松岡さん（右）

ありがたいことだ。

もっとも、岡信の現場近辺は、地下二メートルくらいから岩盤層になっていて、地下三階（十二メートル）ぶんを掘るのは大ごとだった。

俺は岩盤を掘る道具も設備も持たなかったので、親しいつきあいのある八進興業の工事部長、山崎さんに、仕事を受けてもらうことにした。

山崎さんも苦労したらしい。岩盤《がんばん》を掘る錐《きり》の先を幾度も替え、刃先を溶接したりして、ようやく完成したと聞いた。俺は何もせず、ただ完成を見守っただけ。

それから二十年たったいまでも、岡崎信用金庫の建物が目に付く。

三輪氏に、その節のお礼が言いたくて、駅前まで出て来ていただき、一緒に食事をした。山崎さんにも連絡したが、体の具合が良くないようで心配した。松岡さんにも感謝している。振り返ってみると、優しくて義理固くていい人たちばかり。懐かしい。

心臓の大手術

俺が虚血性心臓病を患ったのは平成元年、六十歳の時のことだ。心臓機能障害（3級）ということで、身体障害者手帳を名古屋市からいただく羽目となった。

翌年の一月、心臓の手術を受けるために入院した。俺が入ったのは特室で、応接間とキッチンがあり、電話も付いていた。病室に横たわっていると、二十五歳くらいとおぼしき美人の看護婦さんが入ってきた。手術の準備のために剃毛《ていもう》すると言い、毛布をめくられ、パンツを脱がされた。看護婦さんは見事な手際で、三、四十分かけて俺の毛を剃りあげた。青々と剃り上げられた下半身を眺めると、なんだか変な気分だったが、そのまま一日おとなしくしていた。

翌朝、再び看護婦さんが入ってきて、いきなり頭を下げた。

「すみません。間違いでした」

と詫《わ》びるから、何のことかと訊《き》くと、

「右と左を間違えました」

そして、もう片側も剃毛され、俺はつんつるてんにされてしまった。

翌日二十日、手術の日。朝から忙しく、看護婦さんたちに体を拭《ふ》かれ、患者用手術着を着せられて、ストレッチャーに載せられた。

(万一のことがあったら、これでおしまいだ。特許証の顔も見ないであの世に逝《ゆ》くのか)

と弱気の虫が頭をもたげた。

気がついたのは翌日の午後だった。ベッドの脇には妻と姉が付き添ってくれていた。初めは意識が朦朧《もうろう》としていたが、だんだんはっきりしてきた。病室には、毎日見舞いの客が

（株）バンノ興業坂野社長　特許・還暦・快気内祝　H3.10.5 於　松岡豊泉閣

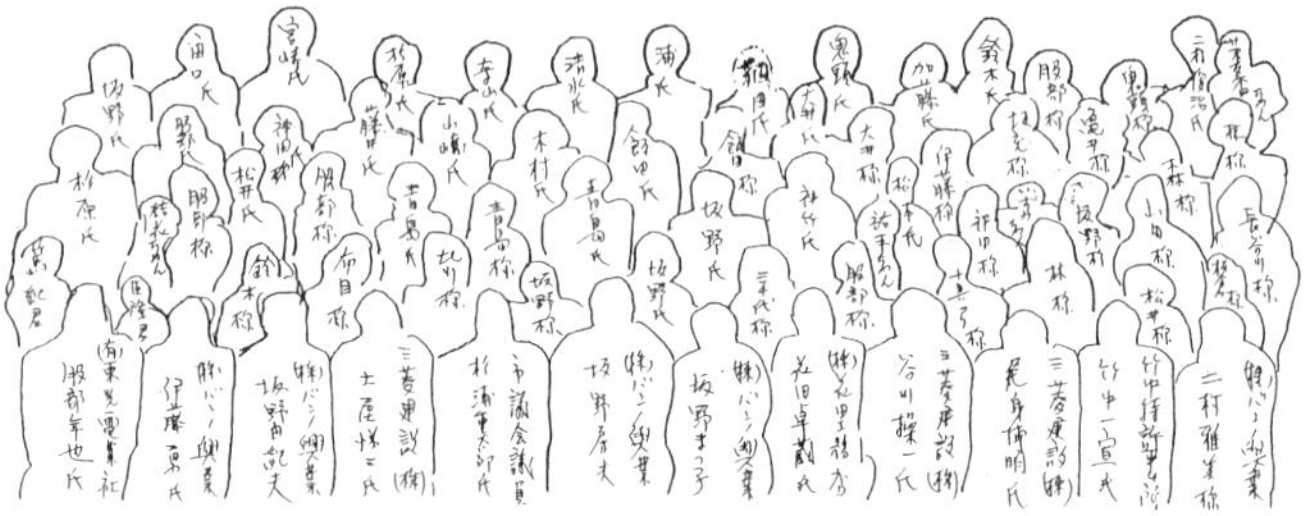

特許・還暦・快気祝に集まってくれた人たちと

絶えず、会社は順調だから心配ないと教えてくれた。でも、何を食べても味気なく、ゴミを噛んでいるような感じがした。舌の感覚がなく、香りも感じない。おまけに寝てばかりいるから、ひどい肩こりに悩まされた。

入院すること四十五日で、やっと退院。すぐさま仕事に戻り、三菱建設との合同事業の段取りをつけた。

その後、俺の還暦祝、誕生祝、全快祝と特許取得祈念を兼ねた宴が開かれた。市会議員、三菱建設の役員、親戚縁者ら百人以上が集まった。鬼頭先生と花田氏も来てくれた。娘二人が座椅子をプレゼントしてくれた。

俺は生還出来たことに感謝し、みんなに祝儀をふるまった。

北海道豊浜トンネルの事故

いま思っても無念でならないことがある。平成八年二月、北海道豊浜トンネルの出口近くで起きた、岩盤の崩落《ほうらく》事故である。その事故に、折りしも通行中のバスが巻き込まれた。バスには運転手をふくめて二十人が乗っていた。崩れた土砂と共に巨きな岩がバスに突き刺さり、バスは完全に動けなくなっている。乗客は生き埋め状態だ。

その惨事を伝えるニュースを、俺は連日テレビで見て、やきもきしていた。四日経っても五日が過ぎても、岩一つの処理が出来ない。俺なら一日で片付けるのに、現場を指揮しているのは素人《しろうと》なのか、何者なのか、歯がゆくてならない。

バスに突き刺さっている巨岩を取り除くには、岩の地面すれすれの所に穴をあけ、ダイナマイトを差し込み、そのうえで岩にジャッキをしかけ、ダイナマイトを爆発させながらジャッキに圧力をかける。そうすれば爆発で岩は割れ、地面へ倒れる。

それだけのことが何故出来ないのか。現場には大学出の技術者もいたであろうに、何を学んできたのか。こういう突発事に必要なのは理論ではない。即座に対応できる生きた知恵と行動力だ。

俺はあまりのもたつきぶりを見かねて、ＮＨＫはじめ、いろんな所へ電話して連絡先を訊き、北海道の現場へ電話した。岩の除き方を伝えようとした。しかし電話に出た人は、係の者に言って置きますと答えたきり、係の人間も出なければ何の応答もない。そのまま日数が過ぎ、事故から十日もたってようやく岩が取れたが、遅すぎた。二十人全員死亡。

俺はいまでも残念に思う。もっと迅速《じんそく》に処置できる指揮者が現場にいたら、助けられた命もあったかもしれないのに。

地雷爆破装置の疑惑

いつのころであったろう。どこかの国で地雷処理に当たっている人の様子を、テレビで見た。一メートルほどの棒の先に、円盤のようなものが付いた探知機で、おっかなびっくり、地雷のありかを探って、ひとつ見付かると、手作業で草を刈り土を掘りして、取り出すのだ。

いまどきまだ、こんな手間暇のかかる危険な方法で、地雷を探しているのかと驚き、そんな危険な作業をしている人も、そんな危険地帯で暮らしている人々も、気の毒でならなかった。

そこで俺は考えた。もっと効率よく、危険も回避しながら地雷を捜し、さぐり当てたその場で爆破する方法はないものか。いや、あるはずだ。

土建業にはいろんな機械がある。地を掘るのも、物を運ぶのも、天の高みへ吊り上げる

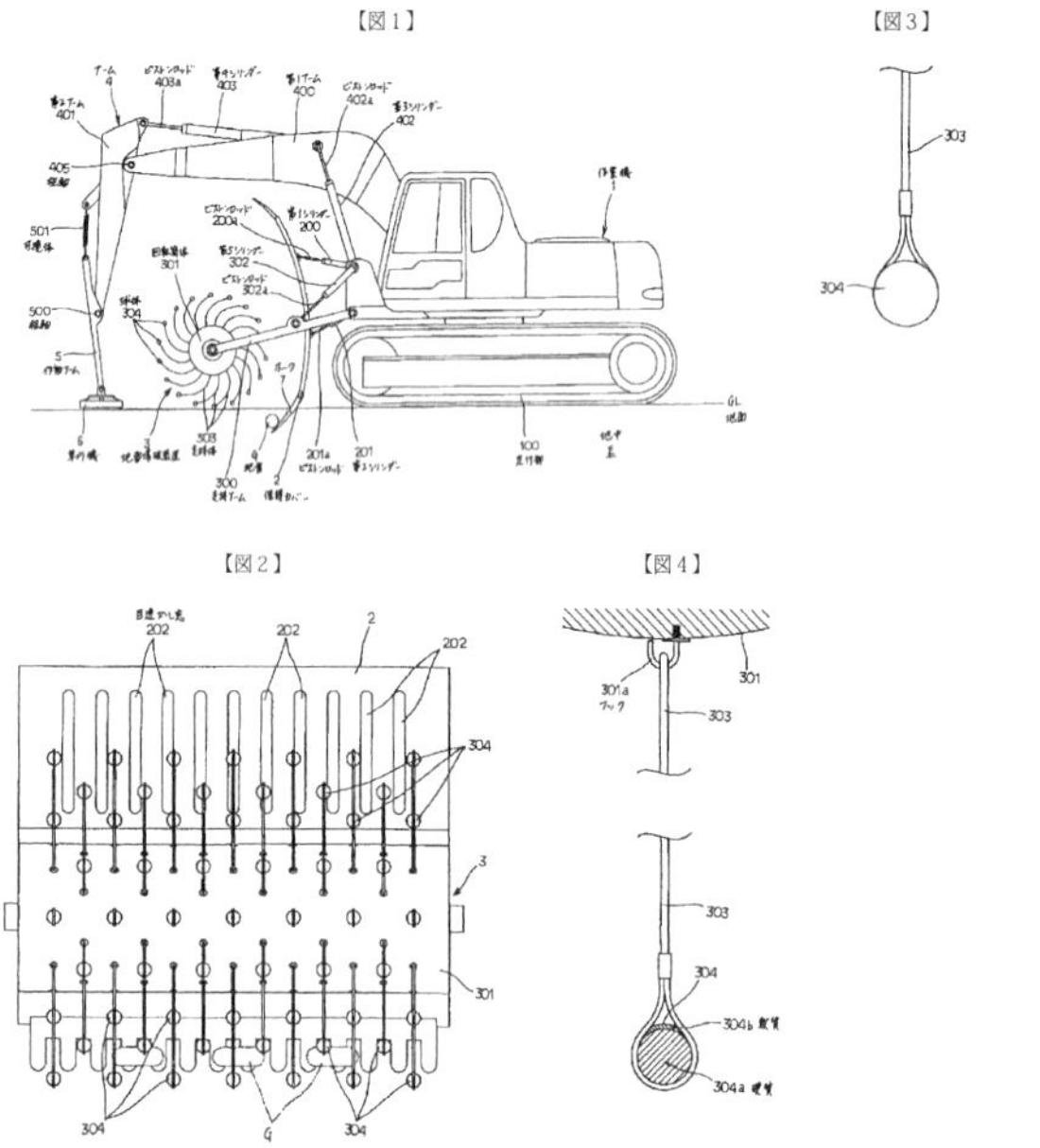

坂野考案の「地雷爆破装置」

のも、お手のものだ。

そうだ。たとえば鋼鉄製のショベルカーというのがある。こいつにキャタピラを取りつけ、アームを延ばし、ショベルを蛸の足のようにして……と俺は日夜考え、図面を引いた。考えることが楽しかったし、それほどむつかしいことでもなかった。

そうして考案したのが、次ページに掲載した地雷爆破装置だ。地面を五〜八メートル（最大十メートル）幅でまんべんなく叩いて、地雷を爆破しながら進む機械だ。爆破にともなって飛散する破片から、オペレーターを守る反射板も取り付け、機械を特許申請した。

平成十四年一月二十一日である。その後、特許公開広報に申請内容が公示された。ただ俺はそのあとの手当てを怠っていた。

するとある日、NHKのテレビで、俺の機械とそっくりの地雷爆破機械が、NPOの海外援助として、外国の罹災《りさい》地へ送られるというニュースが流れた。俺は狐につままれたような気がして、早速、創価学会の福田氏にわけを話し、俺の機械の公開特許広報と、爆破装置の図面を渡した。残念ながら返事はいまだない。

その後、今度は建設業の知人が、

「名古屋テレビで、坂さんの造ったのとそっくりの機械で、雨宮という人がカンボジアで、地雷爆破をやっているのを見た。雨宮さんは、夫婦で何年もかかってこの機械を考えたそうだが、どうなっているのか」

と言ってきた。

俺はますます不可解なので、ここに事実を公表する。

そして今、思うこと

今年（平成二十二年）の六月のある日、一本の電話が入った。俺が日頃、特許の申請などで世話になっている弁理士の加藤氏からであった。新聞やテレビで何度も報道されている、メキシコ湾の原油流出事故にかかわる話だった。

事故のことは知っているよね、と訊《き》かれて、知っているどころか、魚は死ぬ、水鳥は石油でベトベト、漁師は商売あがったり。いったいいつまでこんな状態をつづけるのか、何をやっているのだと、他人事ながら腹を立てていると俺はこたえた。すると加藤氏は「その事故を起こしたイギリスのBP社が、油の流出を止める方法を教えてくれと、インターネットでSOSを発信している。坂野さん、何か良いアイデアはないか」と言う。

そう言われたら、放ってはおけない。俺みたいな者でも世の中のためになるなら、一肌でも二肌でも脱ごうではないか。では考えてみるから少し時間を下さいと俺はこたえた。

そうして一晩考えて、答えが出た。答えは出たが、それからが大変だった。図面を引き、説明書を付け、それを英訳してもらい、そんなことで時間を食ったので、書類をすべて大使館へ持ち込んで、直送してもらったほうが早かろうと思い、図面と説明書を携えて、大使館のある国際センターへ出向いた。

ところが六階でエレベーターを降りると、いきなり何人もの警官が、どっと俺を取り囲んで、ちょっとした騒ぎになった。「どこから何の目的で来た。住所は、氏名は、身分証明書はあるか」などなど、しつこく不審尋問された。ピストルだの何だの、凶気を隠し持っていないか検査もされて、ようやく善意の訪問者であることがわかって、警官たちは平謝り。俺としても、何のアポイントもなしに、のこのこと大使館へ出向いたのは迂闊《うかつ》というわけで、腹は立たない。

後日、改めて俺のアイデアをＢＰ社宛に送ってもらった。返事はなかったが、それからしばらくして、金属製の筒状の蓋を油井の流出口に取り付け、どうやら油の流出はほとんど止まったという記事が新聞に出た。誰の案かは知らないが、とにかく海を汚さなければそれで良い。

ただ、海底油田の採掘は、日本をふくめて今後もいろんな国がやるだろう。そのとき同

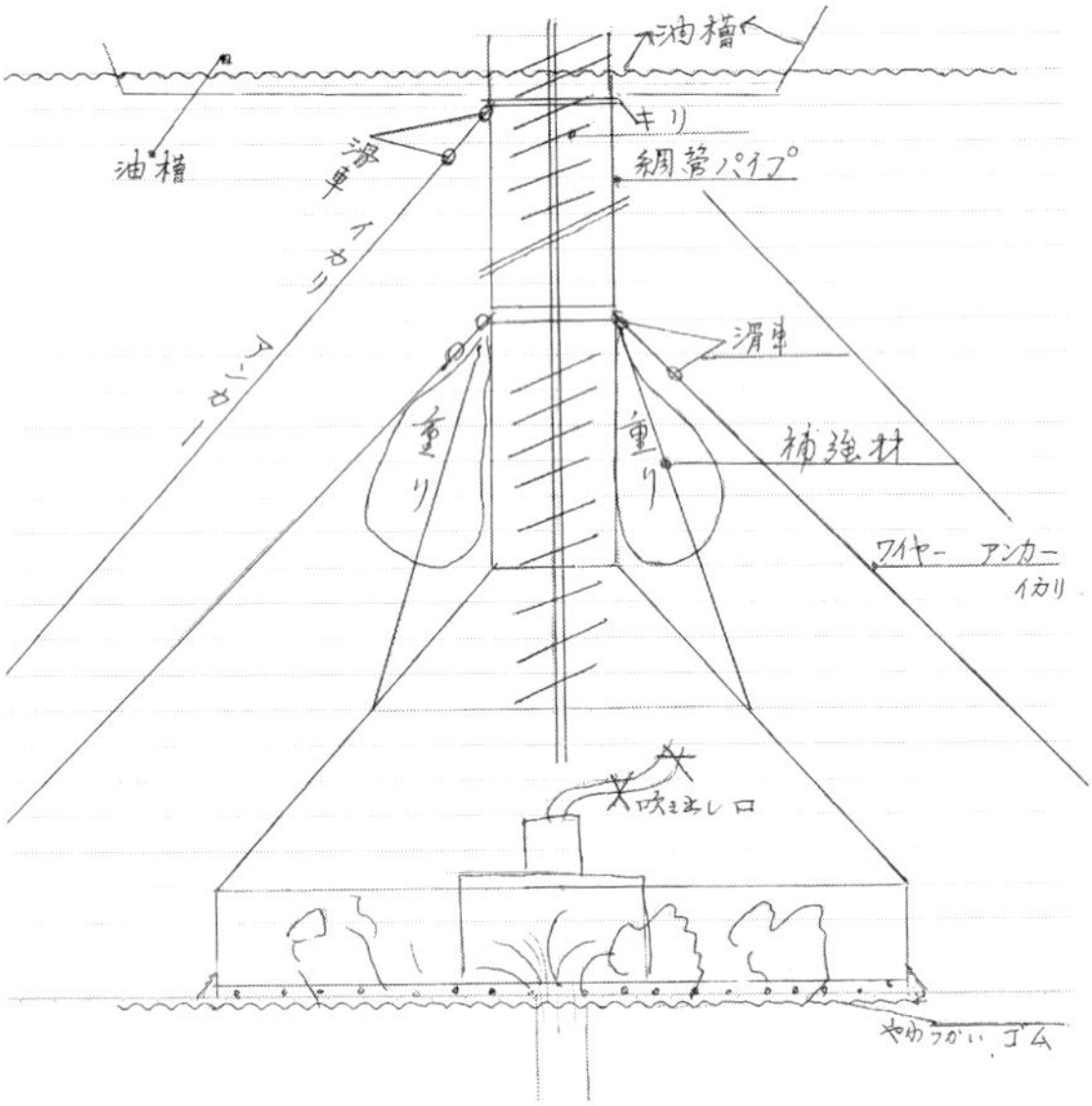

原油流出防止の仕組み（上）

特許証（左）

実用新案登録証
CERTIFICATE OF UTILITY MODEL REGISTRATION
登録第３１６２７８４号
REGISTRATION NUMBER

考案の名称 TITLE OF THE DEVICE

実用新案権者 OWNER OF THE UTILITY MODEL RIGHT

坂野　房夫

考案者 CREATOR OF DEVICE
坂野　房夫

出願番号 APPLICATION NUMBER　実願２０１０－００４５５０
出願年月日 FILING DATE　平成２２年　７月　６日

この考案は、登録するものと確定し、実用新案原簿に登録されたことを証する。
THIS IS TO CERTIFY THAT THE UTILITY MODEL IS REGISTERED ON THE REGISTER OF THE JAPAN PATENT OFFICE.

平成２２年　８月２５日
特許庁長官 COMMISSIONER, JAPAN PATENT OFFICE
岩井良行

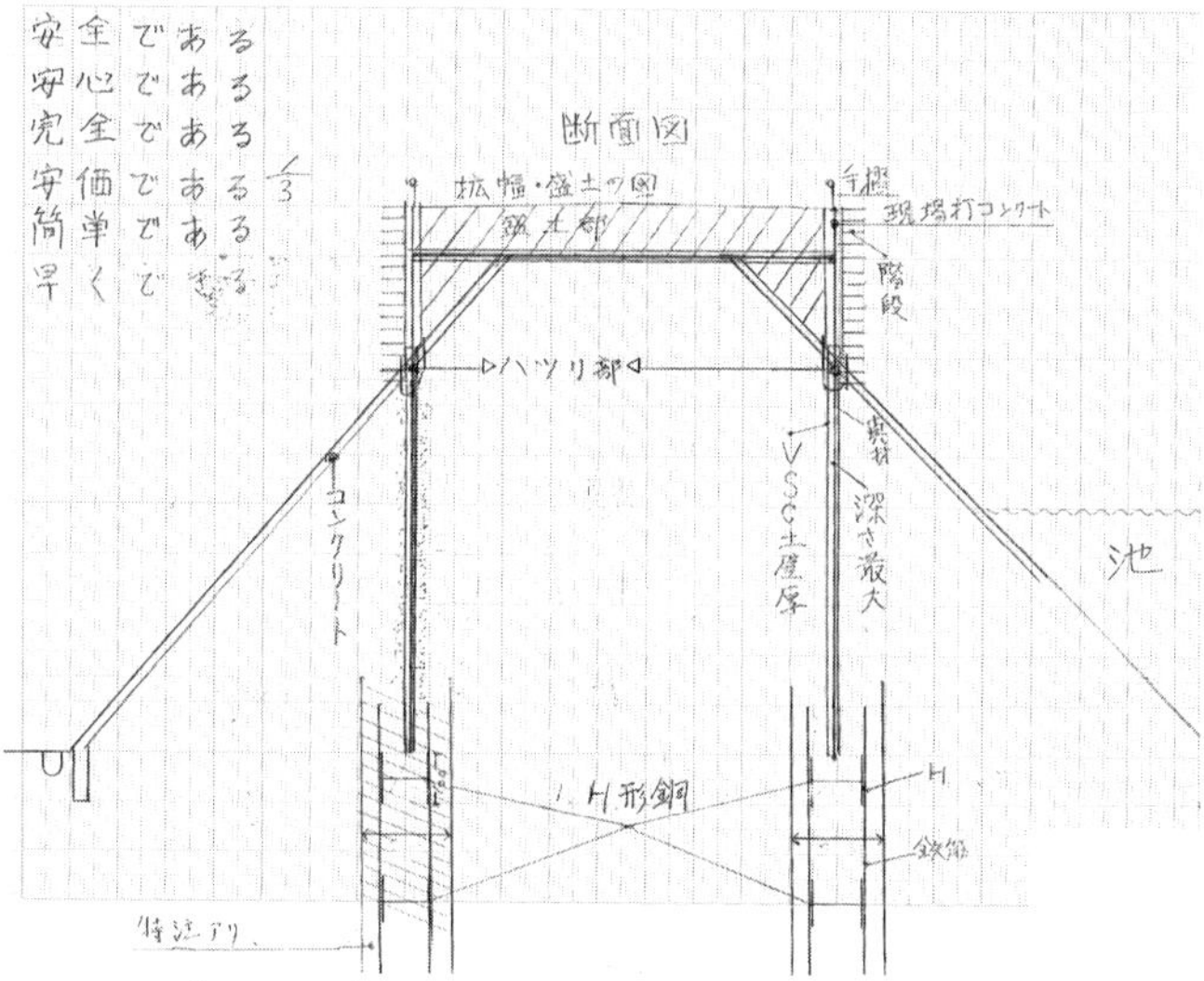

「VSC 工法」を応用した堤防補強工法（坂野考案）

じ事故が起きないという保証はない。備えあれば憂いなし。俺のせっかくのアイデアも死物にしたくないので、特許を取り、ここに図面を公開しておく。

＊＊＊

今年の夏は異常に暑かった。かつては酷暑と呼んだが、今は猛暑と言うらしい。

　暑いだけではない。南極の氷山が大きく割れて海洋へ漂い出したとか、大雨や洪水や森林火災やら、世界中が異常気象に苦しめられた。日本では各地で集中豪雨の被害に見舞われた。岐阜県の東部を襲った大雨では、土砂崩れや河川の氾濫《はんらん》が起き、何人もの死者が出た。

こんなことは五十年百年に一度の災害、とたかをくくっていると、ひどいことになりそうだ。それでなくても異常気象である。集中豪雨による被害は、ここ数年頻繁に起きており、厳重な警戒が必要だ。そこで俺にできることを考えた。それこそ五十年百年に一度の大雨に負けない堤防を造ってほしい。その方法を考えた。参考にしてもらえればありがたい。

＊＊＊

それにしても日本も災害やら災難やらの多い国になってきた。大雨や土砂崩れの災害だけではない。交差点で青信号を待っているところへ、車が突っ込んでくることもあれば、留守中に空き巣の被害をうけることもある。なかでも毎日のように新聞・テレビに出てくるのがひったくりだ。こんなに多いのに大ニュースにならないのは、大方の人が自分はそんな被害者にはならない、とたかをくって平然としているからではなかろうか。

かく言う俺も、そのたかをくっている一人だった。ところがつい昨日（平成二十二年八月二十日）、目の前でひったくりを目撃することになった。

知人の東山さんと、俺のマンション前の歩道を、あおなみ線の駅へ向かって歩き出したところ、近づいてきた自転車の男が、東山さんの手提《さ》げカバンをひったくって逃げた。東山さんは、「泥棒！」と叫ぶ。俺は一瞬何が起きたかわからない。東山さんはカバンの中身、全財産を盗られたと泣き叫んで、シャドウを通りがかったワンボックスカーの人に、助けを求める。俺はそのあいだに自転車を追うが、心臓に疾患《しっかん》があるので走れない。マンションへ戻って一一〇番した。すると電話に出た警察の人が、いま犯人を逮捕した、と言ってくれた。

東山さんに泣きつかれたワンボックスカーの人が、犯人を追いかけながら携帯電話で一一〇番してくれ、幸い近くにいたパトカーとで、犯人を挟みうちにして捕えたという。まさに現行犯逮捕だ。ひったくり犯は、万に一つもに捕まえられないといわれるなかで、勇気ある人のおかげでカバンもお金も無事に戻り、ありがたかった。しかもワンボックスカーの人というのが、俺のマンションの理事長の井起安夫さんだったとわかり、偶然とは言えない縁を感じた。

平成二十二年八月二十六日、警察から感謝状が届いた。災難は、まったくもって、いつなんどき襲《おそ》ってくるかわからない、と改めて自戒した。

坂野房夫取得特許リストの一部

実用新案	S55. 8.29	第１３４３７００号	杭打機
実用新案	63. 3. 8	第１７２２９１６号	杭打機のラム
意匠登録	H2. 3.28	第　７９００６７号	歯ブラシ
実用新案	2.10. 1	第１８３２２２８号	汎用式油圧杭打機
実用新案	2.10. 1	第１８３２２３４号	杭打機のシリンダー吊上装置
実用新案	3.12.24	第１８８１４８１号	海中に係留される石油備蓄タンク
実用新案	4. 3.24	第１８９３６２９号	振動式杭抜機の杭等把持装置
特　許	連続式土留め壁を構築する接続式壁工法　第１５９９３９９号		
特　許	境界線、又は隣接する建物いっぱいに間欠方式で壁を構築する連続式土留め工法		
意　匠	掘削作業機械　第８１４１１０号		
意　匠	掘削作業機械　第８１４１１１号		
意　匠	掘削作業機械　第８１４１３２号		
特　許	掘削機本体に装備される正逆転可能な爪付箆形バケット		
特　許	正逆転可能なバケットコンベアの土排除装置		
実　新	掘削機のバケットコンベア装置に於ける生コン送入用パイプ機構		
実　新	土留壁の構築用の掘削兼攪拌機		
実　新	掘削排土機械を兼ねる接続壁用の壁片の構造		
実　新	上部ケーシングと着脱方式の下部ケーシングとの自動ロック装置		
実　新	掘削作業機械を兼ねる連結壁用の壁片の構造		
意　匠	掘削作業機械のカバー		
意　匠	建築用組立鉄筋		
実　新	接続壁、連結壁、重畳壁等各種壁を構築するに使用する掘削攪拌機の掘削攪拌爪付犂型金具		
実　新	長尺物の掘削作業機、又は掘削攪拌機械の旋回装置		
意　匠	止水用連設壁片		
実　新	近接線内の軟弱地盤用の補強フレーム入り連結壁、止水壁、接続壁、重ね壁等の各種土留用壁片		
商　標	3. 6.26	３－６７４７５	
商　標	3. 6.26	３－６７４７６	
商　標	3.10.16	３－１０７８７８	SVC
商　標	4. 4. 1	４－１００５９９	土木一式工事（男の作業者）
連合商標	4. 4. 1	４－１００６００	土木一式工事（男の作業者と女の人）
商　標	4. 4.15	４－１０３９１８	とび、杭打ち抜き土木一式工事
実用新案	掘削機に於けるバケットコンベア本体の振れ止め装置		
実用新案	近接線上にロータリー式掘削攪拌機械で構築される連繋式の土留め壁		
特　許	近接線位置に外壁面がある大きい強度を有する接続壁、連結壁、付合せ壁等の大断面地中壁、又は大きい強度を有する接続壁、連結壁、付合せ壁等の大断面地中壁		
実用新案	接続壁、連結壁、重畳壁等各種壁を構築するに使用する三軸掘削攪拌機械、この三軸掘削攪拌機械で構築されるソイルセメント柱内に壁鋼材が入った各種壁、並びに内壁鋼鈑		

俺の人生訓

知恵は現場で拾え

仕事をやりながら、こんな道具や機械があったら、もっと簡単に事が運ぶのにとか、ここはやり方次第で、もっときれいな仕事が出来るはずだなどと、思うことがよくある。そういうときこそアイディアが湧いてくる。体験の積み重ねが、いろんなことを教えてくれ、アイディアを与えてくれる。現場は言ってみれば俺の学校だ。

世の中に勝つ前に自分に勝て

楽して金を儲けたいとか、努力せずに出世したいとか、人はとかく自分に甘い弱点をいろいろ持っている。しかし、そういう己の弱点に勝たなければ、決して甘くはない世の中に勝てはしない。

怒りは心のトゲとなり、情けは心の栄養になる

ここで言う怒りとは、個人的な怒りだ。相手の身勝手、汚さ、裏切り、そういうのにいつまでも怒っていると、苛々《いらいら》して自分の心が傷つく。天は見ているさ、と笑って交《まじ》わりを断つ寛大な心を持てば、心にゆとりが出来る。

タネを蒔かねば花は咲かぬ

努力というタネ、向上心というタネ、信用というタネ、愛というタネ。そういうもろもろのタネを蒔いてこそ、花は咲く。

男に惚れられる男になれ

男に惚れられるような、男らしい男でなければ、女も惚れはしない。男は十八から二十までに固めて男になれ。

金は生きもの

金は紙や金属で出来ているから、呼吸もしていないし、生きてもいないと思うのは間違いだ。金はちゃんと生きている。生きて出番を待っている。それを知らずに箪笥のこやしなんかにしておくと、腐って黴菌《ばいきん》のすみかになる。世の中に出してやってこそ輝いて役に立つ。儲けたらつかえ、ということだ。そうすれば廻《まわ》り廻って社会が富み、国が富み、福祉が増して、自分のところへ返ってくる。

暑い寒いがあってこそ人生面白い

これは説明する必要ないだろう。悲しみがあって喜びがある。何もないのっぺらぼうの人生なんか、俺は厭《いや》だ。

一足飛びの成功はもろい

成功への道は本来いばらの道だ。苦労を重ね、努力して切り拓いた道の先にこそ栄冠はある。運だけで成功した者、他人の褌《ふんどし》で成功した者、そういう者たちの転落の姿を、俺は何度も見てきた。

チャンスは心からの感謝と礼節でつかめ

チャンスは誰にも訪れるが、誰もがつかめるわけではない。だからこそ巡ってきたチャンスには、神仏への感謝と他人を傷つけない配慮を忘れてはならない。

真の友達は老後にわかる

若いときは、よく一緒に飲んだり遊んだりして、いい友達だと思っていたが、年月がたつにつれて、それぞれの事情から一人離れ二人去りして、気がつくと、お互い心を寄り添わせている友達は、たった一人になっていることがある。だがそういう友達が一人でも持てたら幸いだ。ありがとう、と感謝してつきあおう。俺は満足で楽しい。

あとがき

今年、平成二十二年、俺は七十九歳になった。二十四で坂野組を設立以後、四十二年間社長業を務めてきたが、いつも仕事は楽しくてならなかった。会社では、社員が帰社すると、まず、ご苦労様と声を掛け、ビールを出す。汗をかいて飲むビールのひと口は何よりもうまかった。それから全員に日報を書かせて、一日の出来事を聞いてから帰らせる。これまで現場で一度の事故もなく、会社で一度もトラブルがないのが俺の自慢だ。こちらから仕事をもらいに行ったことは一度もなく、いつも頼まれて仕事をしてきた。それなのに一年中仕事が途切れることはなかった。

三十九歳の時、胃潰瘍で胃の三分の二を切除した。中区の岡山病院で大手術を行い、その後順調に回復したが、六十歳で今度は心臓を患った。幸いにもこちらも順調に回復し、

最近は趣味で絵も描き始めた。

身体障害者手帳を持ち歩くことになったものの、毎日を楽しく過ごしている今日この頃である。

思えば俺の一生は、苦労知らずで万事順調だった。人の出来ないことや、人が喜んでくれるものを、安価で早く実現できないものかと知恵を絞って、特許、実用新案等を一九八件考案、そのうち五八件が登録された。このおかげで俺の人生は一生安泰になった。最近は友人たちとカラオケ三昧の日々だが、自分なりに今までの出来事を思い出して、楽しんでいる。

来年俺は八十になる。同年輩には、何もすることがないとため息交じりに言う人も多いが、俺にはまだやりたいことがたくさんある。学校や公民館などで講演をすることもその一つだ。特許を取るのは難しいことだと思っている若者たちに、俺の経験を話したいと思っている。小学校五年生の二学期までしか学校に行っていない俺のような者にもできるのだから、難しくも何ともない。こうすれば皆さんにも出来るのだと、教えてあげたいのだ。

悪いところは何度も直し、とことんやり抜く。自信を持って、あきらめない。途中で捨てては何も残らない。自信を失うばかりだ。大事なのは、人に好まれるものを創り出すこと。誰も関心がないもので特許を取ったって、意味が無い。今の時代は、機械も道具も何でもある世の中だ。でも、もう少しの工夫でもっと良いものになると気づけば、それが特許や実用新案につながる。人間だって同じで、今や高い学歴の人が世間にうようよいるけれど、本当に人のためになり、人から好かれる人間であるにはどうしたら良いかを考えることが大切なのだ。

やりたいことは、他にもある。綱渡り、腹踊り、草笛ならぬフィルム笛を鳴らすこと。八十歳の記念に、皆さんにご披露したいと思っている。

二〇一〇年九月

坂野　房夫

坂野 房夫（ばんの・ふさお）
昭和6年、愛知県海部郡南陽村（現在は名古屋市港区南陽町）に生まれる。
10代より鳶職人として働き、独立して坂野組を設立。
以後、一貫して建設業に携わる。
取得した特許・実用新案は198件にのぼる。

俺の人生を歌いたい
鳶一代・我が半生のものがたり

2010年10月25日　第1刷発行　（定価はカバーに表示してあります）

著　者　坂野　房夫
発行者　稲垣 喜代志

発行所
名古屋市中区上前津2-9-14　久野ビル
振替 00880-5-5616 電話 052-331-0008
http://www.fubaisha.com/
風媒社

乱丁・落丁本はお取り替えいたします。　＊印刷・製本／モリモト印刷
ISBN978-4-8331-5219-8